KB249720

한반도 통일과 주변 4국

초판 발행 2011년 2월 10일

최진욱 편저

펴낸곳 (주)늘품플러스 **펴낸이** 전미정 **기획 · 교정** 서재영 이선영 이정인 위은옥 **디자인 · 편집** 윤종욱 정윤혜
출판등록 2008년 1월 18일 제2-4350호 **주소** 서울 중구 필동 1가 39-1 국제빌딩 607
전화 070-7090-1177 **팩스** 02-2275-5327 **이메일** go5326@naver.com **홈페이지** www.npplus.co.kr

ISBN 978-89-93324-27-3 04340 정가 11,000원
ISBN 978-89-93324-21-1 04340(세트)
ⓒ통일연구원, 2011

이 책은 저작권법에 따라 보호받는 저작물이므로 무단 전재와 무단 복제를 금지하며,
이 책 내용의 전부 또는 일부를 이용하려면 반드시 저작권자와 (주)늘품플러스의 동의를 받아야 합니다.

안드레이 란코프·주펑·빅터 차·야치 쇼타로
외교안보전문가 4인이 말한다

한반도 통일과 주변 4국

최진욱 편저

목차

서문

본 보고서는 통일연구원이 2010년 운영한 통일외교포럼의 결과물이다. 통일연구원은 2010년부터 4개년 프로젝트인 통일대계 연구에 착수하였다. 1차년도 프로젝트의 목표는 통일에 대한 국민의 관심과 의지를 회복시키고 통일에 대한 인식 전환과 통일의 청사진 제공 등을 목표로 하였다. 이를 위해 통일 환경 평가, 통일 비전 개발, 독일 통일 및 사회주의 체제 전환에 대한 연구를 비롯하여 국내포럼과 국제포럼을 운영하였다.

국제포럼으로서 통일외교포럼을 조직하여 미, 일, 중, 러가 생각하는 한반도 정세와 통일에 대한 견해를 청취하고 미, 일, 중, 러와 우리의 통일 비전을 공유하며 지지를 확보하고자 하였다. 특히 한반도 전문가들과 외신들을 대상으로 새로운 통일 논의가 시작되고 있음을 알리는 데 주력하였다. 통일외교포럼이 출범하게 된 것은 한반도 통일이 더 이상 남북 간 문제가 아니라 국제적 문제이며 국제사회와의 투명한 협력이 필요하다는 상황에 기인한다.

통일외교포럼은 북한 전문가와 국제정치 전문가들 20여 명으로 구성된 운영위원회를 중심으로 운영되었다. 운영위원회는 연사 선정, 섭외, 토론 주제 선정 등 포럼 운영에 대한 기획뿐만 아니라 실질적으로 토론을 주도하고 정책적 함의를 도출하는 전 과정에 참여하였다.

올해는 미, 일, 중, 러 4개국의 전문가를 초청하여 주변국의 입장을 청취하고 토론하는 형식으로 포럼을 운영하였다. 제3차 포럼과 제4차 포럼은 주요 외신기자들을 초청하여 통일 논의의 확산을 시도하였다.

본 보고서는 이들 네 차례의 포럼 결과를 중심으로 앞뒤에 도입과 결론을 두었다. 제1장 "통일 담론의 새로운 패러다임"은 일종의 서론으로서, 분단 관리에서 통일 준비로 통일 패러다임을 전환할 필요성과 무엇을 준비해야 하는지에 관한 것이다. 제2장부터 제5장까지는 네 차례의 포럼 결과를 담았다. 제6장 "한반도 통일에 대한 주변국 입장과 우리의 대응방안"은 결론으로서, 포럼 결과를 통해 얻은 주변국의 입장을 정리하고 이를 바탕으로 정책을 제안했다.

통일외교포럼은 결코 쉽지 않은 일이었다. 통일대계 연구 자체가 워낙 방대한 작업이어서 향후 연구 방향을 수립하고 첫해 연구 방향을 구체화하는 데 많은 논의가 필요했다. 4월이 되어서야 본격적으로 1차년도 연구계획이 수립되고 통일외교포럼에 대한 구상을 시작할 수 있었다. 포럼 책임자로서 필자 자신이 포럼 운영에 대한 지식과 경험이 부족한 탓에 포럼 운영에 관해 많은 분들의 조언이 필요하였다.

통일외교포럼과 본 보고서는 실로 많은 분의 시간과 노력의 결과이다. 통일외교포럼은 서재진 통일연구원장의 통일대계 연구 기획으로 시작되었고 이후에도 지속적인 관심과 지원을 아끼지 않으셨다. 통일외교포럼 운영위원들의 여러 가지 조언과 열성적인 참여는 생산적이고 유쾌한 포럼을 만들었다. 특히 숙명여자대학교 정치외교학과 이유진 교수는 포럼의 틀부터 보고서의 표지 디자인까지 모든 문제를 때와 장소를 가리지 않고 조언을 해주셨다. 통일연구원의 송문희 간사는 연락, 예약, 정리, 편집 등 포럼과 관련된 모든 행정 일을 책임졌다. 통일연구원의 메레디스 쇼(Meredith Shaw) 연구원의 모국어인 영어와 유창한 일어 실력은 본 포럼에 크나큰 도움이 되었다. 서은성, 이경화, 김영길, 안연숙, 이수진, 송은아, 김지용 연구원은 회의 준비와 진행, 교정 등 각종 행정 일에 도움을 주었다. 이 모든 분들의 도움에 진심으로 감사를 드린다.

2010년 12월

최진욱

북한상황이 악화되는 가운데 우리의 통일에 대한 의지는 갈수록 약화되고 있다. 2010년 8월 통일연구원이 미디어리서치에 의뢰해 실시한 여론조사에 의하면 통일의 당위성에 대한 찬성은 76.6%로, 2005년 동일한 질문에 대한 찬성 83.9%, 1994년 유사한 질문에 대한 응답 91.6%보다 줄어든 것이다. 2010년의 동일한 조사에서 통일 이후의 상황에 대하여도 국민들은 부정적으로 인식하고 있는 것으로 나타났다. 국제적 위상을 제외하고 정치적 민주화, 경제성장, 빈부격차, 물가, 실업문제, 지역격차, 주택문제, 법치문제, 가치관 혼란 등 모든 분야에서 통일 전에 비해 통일 후 상황이 악화될 것이라고 응답하였다.

북한의 변화를 낙관하고 이를 바탕으로 남북간 화해와 협력을 이루고 통일을 지향한다는 우리의 통일정책은 악화되는 북한의 실태로 심각한 도전에 직면하게 되었다. 기존 통일담론은 통일보다는 분단을 관리하는 것이었다. 통일은 남북간 화해와 협력을 통해 점진적이고 단계적이며 합의에 의해서 이루어져야 한다고 주장하였으나, 사실상 통일문제는 가급적 먼 미래의 일로 미루어 놓고 경제·사회분야에서 교류와 협력의 양적 확대를 남북관계 발전의 지표로 간주하였다. 기존 통일담론에서는 남북의 이념과 체제가 너무 다르고 막대한 통일비용도 우려되니 당장 통일을 논한다는 것은 부담스럽다는 것이었다.

통일의 원칙이나 통일의 미래상을 분명히 제시하지 못하고 통일한국의 정치체제로 남북한이 조금씩 양보하는 수렴론과 심지어 북한의 변화를 전제로 하지 않는 '일대일 통합' 등이 거론되기도 하였다.

통일비전이 불투명해지고 통일과정에서 우리의 주도권에 대한 자신감이 약화되면서 통일에 대한 관심과 의지도 서서히 사라졌다. IMF 경제위기와 함께 독일통일의 후유증이 과장되게 인식되면서 엄청난 통일비용이 거론되기라도 하면 남아있는 통일의지마저 무력해질 수밖에 없었다. 심지어 남북통일은 비전과 희망의 대상이기보다는 두려움과 회피의 대상되기도 하였다.

이제 실종된 통일담론의 부활과 통일에 대한 국민들의 관심과 의지를 회복시켜 통일을 준비하여야 한다. 북한을 관리하고 남북관계의 안정만을 희구하는 소극적 대북정책에서 탈피하여 통일을 적극적으로 준비하는 통일정책을 추진해야 할 것이다. 통일준비에는 북한의 급변 가능성에 대한 대비도 성역 없이 포함될 것이나 북한을 급변사태로 유도하기 위한 조치와는 구별된다.

통일에 대한 준비는 미래에 대한 불확실성을 제거하고 두려움을 줄임으로써 통일에 대한 관심과 의지를 회복하는 데 기여할 수 있을 것이다. 여기에는 인력양성, 법적·제도적 준비, 재정적 준비, 통일교육, 통일외교 등이 포함된다.

언제, 어떤 형식으로 통일이 다가올지 알 수 없지만 잘 준비한다면 조기통일의 기회를 피할 이유는 없다. 새로운 통일논의가 북한의 급변사태 가능성을 염두에 두고 시작된 것은 아니지만, 통일이 반드시 점진적이고 단계적으로 오는 것만은 아니다. 통일의 기회는 올 수 있지만 우리의 노력과 준비가 없다면 통일은 저절로 이루어지지 않을 것이다.

이런 의미에서 「통일외교포럼」은 한반도 통일에 대한 미, 일, 중, 러 4국의 입장을 파악하고 이를 바탕으로 10대 정책 시사점을 도출하였다.

〈정책 시사점 1〉 향후에도 북한의 체제 불안정은 계속될 것이다.

주변 4국은 대체로 북한의 태도 불변과 이에 대한 국제사회의 제재 구도가 지속되고 있어 북한체제의 불안정성이 점증하고 있다고 보고 있다. 체제불안정의 핵심 요인은 경제난, 특히 식량난이다.

김정은 체제의 성공은 크게 세 가지 변수에 달려 있다. 1) 노회한 권력 엘리트들이 김정일의 사후에 김정은의 리더십을 따르고 충성할 것인가, 2) 만성적인 경제 침체를 회복시켜 먹고 사는 문제를 해결해 줌으로써 팽배해져 가는 체제 내부의 불만을 달랠 수 있는가, 3) 국제사회, 특히, 미국과의 관계를 개선할 수 있는가이다.

〈정책 시사점 2〉 북한의 체제 붕괴 가능성은 높아지고 있다.

주변 4국은 북한이 지금과 같은 노선과 정책을 고수하면 대내외 위기가 더욱 가속화되어 결국 붕괴 가능성이 그만큼 커질 것으로 전망하고 있다. 여기서 북한의 붕괴는 정권의 붕괴를 의미하며 정권의 붕괴는 체제의 붕괴로 이어지리라는 데 큰 이의는 없다. 그러나 체제의 붕괴가 국가의 붕괴, 즉 남북통일로 이어지리라는 것은 불확실하다.

한편, 북한의 붕괴 가능성에 대하여 유보적인 태도도 여전히 많으며 가장 큰 이유는 중국 요인이다. 중국이 북한을 대미(對美) 견제를 위한 완충국가로 간주하는 한, 중국은 북한 정권의 속성에 관계없이 북한을 중국에 우호적인 국가로서 남게 하는 것을 전략적 목표로 견지할 것이다.

〈정책 시사점 3〉 북한은 핵무기 개발을 포기하지 않을 것이다.

북한의 핵무기에 대한 집착은 갈수록 커지고 있다. 북한은 핵무기를 체제수호와 외부로부터의 지원을 확보하기 위한 유일한 수단으로 간주하고 있다.

북한은 핵무기 보유국임을 주장하며 한반도 비핵화는 미국과의 핵 군축 협상 차원에서만 다룰 수 있다는 입장이다. 이마저도 미국의 대북 적대시 정책 포기, 한국에 대한 핵우산 제거, 한미동맹 파기를 전제조건으로 제시하고 있다.

〈정책 시사점 4〉 북한의 개혁·개방 가능성은 낮다.

분단국의 한쪽인 남한이 자본주의 시장경제체제와 다원적 민주주의 정치체제로 번영을 누리고 있는 한, 다른 쪽인 북한이 유사한 방향으로의 전환을 의미하는 개혁·개방 정책을 택할 가능성은 구소련, 동구, 베트남, 그리고 중국보다 월등히 낮다. 개혁이란 곧 그들 체제의 실패를 의미하는 것이고, 남한에 대한 북한체제의 상대적 열세의 고백을 의미하여 결국 체제의 붕괴로 연결될 수 있다고 보기 때문이다.

김정은의 외국 생활 경험이 북한의 개혁·개방을 촉진시킬 것이라는 기대도 있으나, 오늘날 북한의 젊은 세대는 그들의 부모세대보다 훨씬 폐쇄적인 삶을 살아 왔다. 이들에 둘러싸인 김정은이 개혁·개방을 이끌 것이라는 것은 일부의 희망 사항일 뿐이다.

그러나 제3자의 권력 장악시 개혁·개방 가능성은 배제할 수 없으며 다양한 시나리오에 대비해야 할 것이다.

〈정책 시사점 5〉 주변국은 남북한이 합의하는 통일이라면 반대하지 않는다.

아마도 미국을 제외하고 한반도의 통일을 지지하는 나라는 없다. 그러나 남북한 당국이 공식적으로 합의하거나, 남북한 주민의 중의(衆意)에 의한 합의가 담보된 다른 방식의 통일이라면 주변국들이 드러내놓고 통일을 반대할 명분이 없다. 사실 한반도 주변 국가들은 공식적으로는 한반도 통일에 대해 구체적인 언급을 회피해 왔다. 단지 평화적인 방법에 의한 합의 통일을 지지한다는 매우 일반적인 입장을 견지해 왔다.

〈정책 시사점 6〉 북한 급변사태 시 한 국가의 일방적 개입은 다른 국가(들)의 대응 개입을 초래하여 국제분쟁으로 비화될 수 있다.

북한 내에서 정권의 총체적 붕괴, 정권 내 집단 간의 권력투쟁, 민주화 투쟁 등 때문에 정치적, 군사적 혼란, 내부 통제가 불가능해지는 급변사태가 발생하면 북한 당국 또는 북한 내 일부 세력의 요청이나 묵인 하에 중국이 단독으로 북한에 개입할 가능성이 있다. 중국은 "북한은 엄연히 UN에 가입한 주권국가이며, 남한이 자의적으로 개입할 권리는 없다."라는 태도를 갖고 있으며, 한국이나 미국이 개입하면 자신도 개입할 수밖에 없다는 견해를 보이고 있다.

〈정책 시사점 7〉 한반도 통일에 있어서 국제기구의 지지와 협조가 중요하다.

유엔은 한국전쟁의 당사자이기 때문에 북한의 급변사태 시에도 개입할 수 있는 근거가 있다. 그러나 UN이 군사적 활동을 하게 된다면 안보리 소관상황이기 때문에 상임이사국들인 미국, 중국, 러시아 등 주변국의 생각이 매우 중요하다.

중국이 UN의 개입에 대해 부정적일 수는 있지만, 미국 등의 강력한 개입이 예상되면 중국이나 러시아도 UN의 개입에 대해 긍정적인 태도를 보일 수도 있을 것이다.

UN과 같은 국제기구가 한반도 통일에 역할을 하기 위해서는 국제기구에 속한 구성원 다수가 한반도 통일의 필요성과 당위성, 그리고 북한 급변사태가 강대국 간 경쟁의 말미를 제공해서는 안 된다는 인식을 공유하고 강대국들의 자제와 평화적 위기관리를 요구하는 분위기가 형성되어야 한다.

〈정책 시사점 8〉 '한국 주도의 통일'을 위한 적극적인 통일외교가 필요하다.

"북한이 붕괴하면 당연히 남측이 북측을 접수해서 관리해야 하지 않겠는가" 하는 것은 우리의 희망 사항일 수 있다. 국제법적으로 볼 때 1991년 남북한 UN 동시가입으로 말미암아 남북은 실질적으로 두 국가로 인정되기 때문에 북한의 급격한 체제 변화 시 법기술적인 측면에서 UN의 역할이 일차적으로 고려될 가능성이 크고, 그 다음으로는 중국의 개입(북한의 요청에 의한) 가능성이 크다.

북한이 붕괴하면 누가 보더라도 의당 한국이 북한지역을 관리하고 감당하기에 합당한 주체라는 인식이 국제사회에 각인될 수 있도록 외교적 노력을 기울여야 할 것이다. 그것이 바로 통일외교가 담당해야 할 부분이다.

한반도의 5천 년 역사 및 그 분단과 대결의 역사를 지구적 차원에서 홍보하고, 현재 한반도의 상황과 그 대안적 상황에 대한 설득력 있는 시나리오를 보여주어 유사시 남한주도의 통일만이 역사적으로,

법적으로, 그리고 현실적으로 유일한 대안임을 홍보할 필요가 있다.

대한민국 주도의 자유민주주의 통일에 대한 주변국들의 지지를 얻기 위해서는 이러한 통일이 결코 이들 국가에 위해가 되지 않을 것임을 확신시키는 것이 중요하다.

〈정책 시사점 9〉 대중국 통일외교를 강화해야 한다.

21세기 국제사회에서 가장 큰 변화 중 하나가 중국의 등장이라는 것을 인정하면서도 중국 정책에 대한 연구는 부족한 것이 현실이다. 중국이 한반도의 통일을 원하지 않는 이상 중국은 북한 정권을 유지하기 위해 모든 지원을 아끼지 않을 것이다. 중국은 북한을 근본적 의미에서 지지하지 않으며 북한에 대한 인내심도 한계가 있다.

북한이 남한에 흡수되는 형태의 통일이 가져다주는 비용과 북한을 유지하는 비용을 비교해 볼 때 아직도 중국은 유지 비용을 부담하는 것이 더 낫다고 생각하고 있다.

미국이 중국의 팽창을 저지하는 정책을 계속하는 한 남한에 의한 흡수통일은 중국에 직접적인 위협으로 작용할 수 있다고 생각할 것이다.

〈정책 시사점 10〉 국내적으로 북한의 급격한 체제변화에 대비한 공론화 과정이 필요하다.

북한 내부 및 남북관계의 변화에 따른 상황전개를 염두에 둔 다면적, 복합적 전략수립이 필요하다. 그러나 북한의 붕괴는 가능하지도 바람직하지도 않다는 입장 하에 북한에 대한 흡수통일 노력 중단을 천명하고 논의를 금지한 것은 문제가 있다.

첫째, 북한의 급변사태 논의를 터부시하는 것은 통일논의의 다양성을 막고 통일준비를 저해하는 중요한 요인이다. 둘째, 북한의 급격한 체제 변화에 대한 대비는 난민, 무기 유출, 도발 등의 상황에서 우리의 국익을 보호하기 위한 자위권 차원에서 고려되어야 한다. 미국은 물론이고 중국이나 러시아도 북한의 급변사태에 대한 대비책을 강구하고 있다. 셋째, 다양한 통일 시나리오를 성역 없이 공론화함으로써 통일에 대해 국민적 공감대를 형성하는 것이 필요하다.

10대 정책 시사점

북한실태 및 정책방향에 대한 주변국의 인식

1. 향후에도 북한의 체제 불안정은 계속될 것이다.
2. 북한의 체제붕괴 가능성은 높아지고 있다.
3. 북한은 핵무기 개발을 포기하지 않을 것이다.
4. 북한의 개혁·개방 가능성은 낮다.

한반도 통일에 대한 주변국의 인식

5. 주변국은 남북한이 합의하는 통일이라면 반대하지 않는다.
6. 북한 급변사태 시 한 국가의 일방적 개입은 다른 국가(들)의 대응 개입을 초래하여 국제 분쟁으로 비화될 수 있다.
7. 한반도 통일에 있어서 국제기구의 지지와 협조가 중요하다.

우리의 통일 정책 방향

8. '한국 주도의 통일'을 위한 적극적인 통일외교가 필요하다.
9. 대중국 통일외교를 강화해야 한다.
10. 국내적으로 북한의 급격한 체제 변화에 대비한 공론화 과정이 필요하다.

통일 담론의 새로운 패러다임:

분단 관리에서 통일 대비로

최진욱(崔鎭旭)

Ⅰ. 머리말

북한 상황이 악화되는 가운데 통일에 대한 우리의 의지는 갈수록 약화되고 있다. 2010년 8월 통일연구원이 미디어리서치에 의뢰해 실시한 여론조사에 따르면 통일의 당위성에 대한 찬성은 76.6%로, 2005년 동일한 질문에 대한 찬성 83.9%, 1994년 유사한 질문에 대한 응답 91.6%보다 줄어들고 있음을 알 수 있다.1

2010년의 동일한 조사에서 응답자는 통일 이후의 상황에 대하여도 부정적으로 인식하고 있다. 국제적 위상을 제외하고 정치적 민주화, 경제 성장, 빈부 격차, 물가, 실업 문제, 지역 격차, 주택 문제, 법치 문제, 가치관 혼란 등 모든 분야에서 통일 전에 비해 통일 후 상황이 악화될 것이라고 응답하였다(표 1 참조).2

---

1 2010년 조사에서는 "귀하께서는 통일이 반드시 달성해야 할 민족적 과업이라는 주장에 대해서 어떻게 생각하십니까?"라는 질문에 대하여 '매우 찬성한다' 17.5%, '대체로 찬성한다' 59.1%였다. 본 조사는 2010년 8월 9일부터 27일까지 제주도를 포함한 전국을 대상으로 방문면접조사로 이루어졌으며, 표본 수 1,000명, 표본오차 ±3.1% (95% 신뢰수준)이다. 2005년 조사에서는 같은 질문에 대하여 '매우 찬성한다' 49.2%, '대체로 찬성한다' 34.7%였다. 1994년 조사에서는 "귀하는 통일이 필요하다고 생각하십니까, 아니면 불필요하다고 생각하십니까?"라는 질문에 대하여 '필요하다' 91.6%, '불필요하다' 8.4%였다.

2 "귀하께서는 통일 후 다음 사항들이 통일 전에 비해서 어떻게 될 것이라고 생각하십니까?"라는 질문에 대하여 "매우 개선될 것이다, 대체로 개선될 것이다, 마

2008년 서울대학교 통일평화연구소가 한국갤럽에 의뢰해 실시한 여론조사에 의하면 통일이 남한에 이익이 될 것으로 기대하는 응답(47.5%)이 이익이 되지 않을 것이라는 응답(53.5%)보다 적었으며, 자신에게 이익이 될 것이라는 응답은 불과 27.7%로 이익이 안 될 것이라는 응답 72.3%보다 훨씬 적었다.3

표 1. 통일 후 변화에 대한 전망

	매우 개선	대체로 개선	개선	마찬 가지	대체로 악화	매우 악화	악화
1) 정치적 민주화	3.1	23.5	26.6	32.7	37.0	3.7	40.7
2) 경제 성장	5.4	27.1	32.5	23.4	32.5	11.6	44.1
3) 빈부 격차	1.2	8.2	9.4	21.0	45.0	24.6	69.6
4) 물가	2.2	10.3	12.5	24.0	45.8	17.7	63.5
5) 실업 문제	4.0	16.0	20.0	20.4	40.4	19.2	59.6
6) 지역 격차	1.6	8.6	10.2	24.9	44.5	20.4	64.9
7) 주택 문제	3.4	16.1	19.5	29.5	41.1	9.9	51.0
8) 법치 문제	1.3	11.3	12.6	29.9	43.6	13.9	57.5
9) 가치관 혼란	1.2	9.5	10.7	27.7	43.1	18.5	61.6
10) 국제적 위상	14.8	42.8	57.6	22.6	17.9	1.9	19.8

찬가지이다, 대체로 악화될 것이다, 매우 악화될 것이다" 중 하나를 고르도록 하였다.

3 "○○님은 통일이 남한에 얼마나 이익이 될 것이라고 생각하십니까? 혹은 이익이 되지 않을 것이라고 생각하십니까?" "○○님은 통일이 자신에게 얼마나 이익이 될 것이라고 생각하십니까? 혹은 이익이 되지 않을 것이라고 생각하십니까?"라는 질문에 대하여 "매우 이익이 될 것이다, 다소 이익이 될 것이다, 별로 이익이 되지 않을 것이다, 전혀 이익이 되지 않을 것이다"라는 응답 중 하나를 고르도록 하였다. 서울대학교 통일평화연구소가 한국갤럽에 의뢰해 2008년 8월 21일부터 9월 10일까지 1,213명을 표본으로 벌인 여론조사 결과로, 95% 신뢰구간에서 표본오차는 ±3.1%이다. 박명규 외, 『2008 통일의식조사』(서울: 서울대학교 평화통일연구소, 2008).

통일 기피증이 점증하는 가운데 이명박 대통령이 8.15 경축사에서 "분단 상황의 관리를 넘어서 평화통일을 목표로 하는 새로운 남북 관계의 패러다임"을 제시한 것은 새로운 통일 논의의 장을 여는 계기가 되었다. 이는 급변하는 통일 환경에도 불구하고 통일 담론이 기존의 논의 구조에서 벗어나지 못하고 있다는 문제의식을 반영한 것이다. 새로운 통일 논의의 핵심은 통일 준비이다.

지난 2월 방한한 독일의 쾰러 대통령은 이명박 대통령과의 정상회담에서 "통일이 이뤄질 것이라는 가능성을 절대 포기하지 말 것과 생각보다 빨리 통일이 올 수 있다는 점을 염두에 둬야 한다."라고 조언했다. 그러면서 "미리 계획을 세우고 준비하는 게 필요하다."라고 말했다. 통일보다는 분단 관리에 입각한 우리의 기존 통일 담론에 경종을 울리는 지적이라고 할 수 있다.

이 글의 목적은 통일 기피증의 원인을 분석하고 왜 통일 준비가 필요하며 무엇을 어떻게 준비해야 하는지 논하는 것이다. 이를 위해 탈냉전 이후 통일 환경의 변화를 점검하고 기존 통일 담론의 한계를 분석한 후, 통일 준비를 위한 우리의 과제와 해결 방안을 제시하고자 한다.

Ⅱ. 북한 실태와 통일 환경의 변화

1. 북한 실태

가. 북한의 폭정 체제와 개혁·개방 거부

선군정치 하 북한체제는 전체주의(totalitarianism)보다는 폭정(ty-ranny)이라는 개념으로 더 잘 설명할 수 있을 것이다. 전체주의는 권력을 극대화하기 위하여 고도의 억압과 충성을 이용한다. 전체주의 독재자는 충성심이 높아지는 한 억압을 증대함으로써 권력을 확대하나, 억압이 오히려 반발을 불러일으켜 충성심이 저하되는 시점이 오면 억압을 중단하는 것이 권력을 확대하는 데 유리하다고 본다. 반면, 폭정은 백성이 부유한 것보다는 궁핍한 것이 권력 유지에 더 유리하다는 믿음 하에 오직 억압에 의해서만 권력을 유지하고자 한다. 폭정 하의 백성은 독재자를 따르거나 충성하지 않지만 적극적으로 항거할 능력도 없다. 군이나 경찰과 같이 충성이 절대적으로 필요한 기관들에는 국민에게서 착취한 자원이 우선적으로 공급된다.[4]

---

4 Ronald Wintrobe, *The Political Economy of Dictatorship* (Cambridge: Cambridge University Press, 1998), p. 59.

전체주의 성격이 강했던 1990년대 중반까지 북한에서는 충성과 억압을 결합하는 데 당의 역할이 중요했다. 당의 생활지도 및 정책지도가 체제 유지의 관건으로 여겨져 조직지도부와 선전선동부가 핵심적인 역할을 했다.

그러나 1990년대 중반 이후 폭정의 성격이 강한 북한에서 통제 위주의 통치가 강화되면서 당의 기능과 역할이 축소되고 당·국가체제가 왜곡되기 시작했다. 한편, 외부의 위협을 막고 내부의 일탈행위를 억압하는 군, 국가안전보위부, 인민보안부의 역할이 두드러지게 강화되었다. 즉 당의 상대적 위상 약화는 군과의 관계에서뿐만 아니라 억압과 통제를 담당하는 국가안전보위부나 인민보안부와의 관계에서도 나타났다.

폭정은 체제 성격상 경제 발전이나 주민의 삶의 질 향상에 대한 무관심을 넘어서 이를 체제 유지에 부정적 요인으로 인식하고 있기 때문에 개혁·개방을 거부한다. 오히려 체제 유지를 위해 고립을 선호하며 외부의 지원이나 경제 협력 역시 체제에 위협이 되지 않는다는 전제 하에 제한적으로 허용할 뿐이다.

실제로 북한의 폭정 하에서 인민경제는 붕괴하였으나 수령경제, 당경제, 제2경제에는 부족한 자원이 집중적으로 배분되었고, 국가안보보다 정권안보가 중요시되고 있다.

나. 북한의 핵보유 고집

북한은 2009년 들어서 핵무기 보유국으로 인정받기를 원한다는 것을 숨기지 않고 핵 문제에 대한 북한의 입장을 지속적으로 표명했다. 북한의 의도는 2009년 2월 방북한 미국의 민간 대표단에 분명히 전달되었다. 북한은 불능화 단계를 검증 없이 종료하고 폐기 단계로 진입하기를 희망하며, 폐기 단계에서 경수로 지원을 조건으로 플루토늄 시설을 폐기할 수 있다는 입장을 피력했다. 북한은 핵무기를 제외한 채 플루토늄 관련 핵시설과 핵프로그램을 '비핵화' 대상으로 간주하고 있으며, 핵무기는 이후 단계에서 미·북간 핵 군축 협상으로 다루겠다는 입장을 반복한 것이다. 따라서 6자회담의 비핵화 3단계인 동결(shutdown), 불능화(disablement), 폐기(dismantle-ment) 단계에서는 핵시설과 핵프로그램을 다루며, 핵무기는 제4단계인 제거(elimination) 단계에서 핵 군축 협상 차원으로 다룰 수 있다는 것이다. 이마저도 북한은 미국의 대북 적대시 정책 포기, 한국에 대한 핵우산 제거, 한미동맹 파기를 전제 조건으로 제시하고 있다.[5]

2009년 5월 2차 핵실험을 단행한 북한은 UN 안보리결의 1874호에 대한 반발로 6자회담에 다시는 돌아가지 않을 것이라고 단언하기도 했다. 그러나 이후 미·북관계가 평화 관계로 전환되는 것을 전제로 6자회담에 응할 용의가 있다는 입장을 표명하기 시작했다.

2009년 12월 보즈워스 대북정책 특별대표의 방북 시 북한은 "핵 문제의 근본적 원인이 미국의 적대시 정책임"을 주장하며 평화협정 문제를 강력히 제기했다. 바꾸어 말하면 이는 현 단계에서 비핵화가 불가능하다는 것을 말한 것이다. 궁극적으로 북한은 고위급 정치회담을 통해 미국과 관계 정상화를 추진하는 한편, 인도식 핵보유 국가 유형을 추구하는 것으로 보인다. 즉 민수용과 군수용 핵시설을

---

5 Morton Abramowitz, "North Korean Latitude," *National Interest,* No. 100 (March-April, 2009)

분리해서 민수용 핵시설에 관한 핵협정을 맺고 여기에 핵무기는 제외하는 것이다. 실제로 2007년 2·13 합의 후 뉴욕 미·북 관계 정상화 회담에서 김계관 6자회담 수석대표는 북한을 인도처럼 대우해 달라고 요구한 것으로 알려졌다.

최근 북한의 6자회담 재개 입장도 비핵화에 앞서 평화협정이 체결되어야 한다는 주장에 기초하고 있다. 즉 북한은 평화협정을 통한 미·북 신뢰 조성이 있어야만 핵시설 가동 중단을 넘어서 핵무기 문제까지 논의할 수 있다는 입장이다.[6]

다. 북한의 경제 상황 악화

2000년대 들어 북한은 남북 교역의 흑자를 통해 대중국 무역적자를 상쇄하면서 경제적으로 체제를 유지해왔다. 그러나 북한은 지난 2년여 간 우리의 대북지원 감소와 남북경협 축소로 10억 달러 이상 손실을 보았으며 2009년 장거리 로켓 발사, 핵실험, 간부용 선물 비용 등으로 수억 달러를 낭비했다.[7] 국내 재원의 축소는 당, 군, 보위부 등 핵심 기관들의 운영에 차질을 초래하면서 부처 간, 엘리트 간 갈등의 소지를 제공하고 있다.

이미 UN 안보리결의 제1718호와 제1874호에 의해 제재를 받고 있는 북한은 천안함 폭침 이후 남북 경협 중단과 미국의 추가 제재 조

---

6 박형중, "북한의 6자회담 전략 변경과 향후 전망," 통일연구원 온라인 시리즈 10-34 (2010. 9. 8).

7 최진욱, "북한의 대남 비방·협박과 남북 관계 전망," 통일연구원 개원 18주년 기념 학술회의 『분단시대를 넘어 통일시대로』 (2009. 4. 8).

치로 경제난과 국제적 고립이 심화되었다. 이미 화폐개혁 실패로 혼란에 빠진 북한 경제는 최악의 상황으로 치닫고 있다. 우리의 대북 제재조치 중 대내 차원에서 북한에 가장 큰 영향을 미치는 것은 교역 중단이다. 2009년 기준으로 개성공단을 제외한 남북 교역 총액은 7.4억 달러로 북한 전체 교역 50.9억 달러의 14.5%를 차지한다. 남북 교역 중단으로 북한이 입을 손실은 일반교역 2억 1,087만 달러, 임가공료 3,175만 달러, 운송 수입 감소액 900만 달러와 선박 운항 금지로 인한 비용 상승 100만 달러 등 총 2억 5,262억 달러에 이른다.[8]

미국의 추가 금융 제재는 북한의 돈줄을 총망라해 제재 대상에 포함함으로써 미국의 의지에 따라 북한 경제에 엄청난 타격을 줄 수 있을 것이다.[9]

라. 김정일 건강 악화

김정일 특유의 정치 방식이라는 선군정치는 제도적 통치가 아닌 인적 통치, 당적 지도가 약화되고 당을 거치지 않는 김정일의 직할 통치, 주요 기관들의 유기적인 횡적 연대가 차단되는 분할 통치 등을 특징으로 하고 있다.[10] 선군정치의 통치 방식은 정책 결정과정이 김정일

---

8 임강택, "남북교역 중단으로 인한 경제적 파급효과," 통일연구원 온라인 시리즈 10-17 (2010. 5. 24).

9 최진욱, "미국의 대북추가제재: 의미와 전망," 통일연구원 온라인 시리즈 10-32 (2010. 8. 9).

10 최진욱, "김정일 건강 악화 이후 북한의 통치방식 변화와 대내외 정책," 『KDI 북한경제리뷰』 11권 7호(2009. 7), p. 29.

1인에게 집중되는 특성상 권력의 운영에 김정일의 역할이 필수불가결했다. 따라서 2008년 8월 시작된 김정일의 건강 이상은 김일성 사망 이후 북한체제의 안정을 해치는 최대의 위협이라고 할 수 있다.

이 위협을 극복하기 위해 김정일은 건강 이상 직후 3남 김정은을 후계자로 비공식 지명했고, 2년 만인 2010년 9월 28일 김정은이 당중앙군사위원회 부위원장에 선출됨으로써 후계자로 공식 등장하였다고 할 수 있다. 그럼에도 불구하고 어리고 경험 없는 후계자의 준비되지 않은 등장과 당대표자회를 계기로 단행된 권력구조의 재편이 정치적 안정을 가져올지 여전히 불투명하다. 장성택, 김경희, 이영호, 최용해 등 신실세 그룹의 부상 이후 당적 통제강화 기도로 인한 당·군 간의 갈등 가능성, 급격한 세대교체로 인한 군 원로 그룹의 불만 가능성, 김정일 이후 권력 기반이 취약한 김정은에 대한 신실세 그룹의 변함없는 지지 여부 등이 주목된다.

2. 분단 관리의 대북 정책

북한의 변화를 낙관하고 이를 바탕으로 남북 간 화해와 협력을 이루고 통일을 지향한다는 우리의 통일 정책은 악화되는 북한의 실태로 심각한 도전에 직면했다.

냉전 종식 이후 남북 간 화해와 협력은 남북관계에서 지고지순한 원칙으로 등장하면서 일대일 통일, 합의 통일, 수렴론 등 '평화적' 담론이 통일 논의를 지배해왔다. 과거 불신과 대결을 끝내고 다방면에 걸친 남북 간 교류와 협력을 통해 이질감을 해소하고 경제공동체, 사회공동체를 거쳐 정치공동체를 이룰 수 있다고 믿었다. 1989년 등장한「한민족공동체 통일방안」은 이전의 정치·국가 중심에서 사회·문화 중심, 민족 중심의 통일로 논의의 틀을 전환한 것으로서 점진적이고 단계적 통일을 추구하였다.[11] 이는 유럽의 통합과정 혹은 냉전 이후 사회주의 국가의 체제 전환 과정과 유사한 상황이 북한에도 발생할 것이라는 낙관적 생각에 바탕을 둔 것이었다.

민족 중심, 사회·문화 중심의 통일 정책 기조는 햇볕정책 하에서 극적으로 강화되었다. 전례 없는 대북 포용정책이 추진되면서 '통일 정책'은 북한을 관리하고 남북관계의 현상적 측면만을 강조하는 '대북 정책'으로 대체되었다. 김정일 위원장을 독재자의 이미지보다는 북한의 개혁·개방을 이끌 지도자로서 인식함으로써, 타도와 변화의 대상이 아니라 지원의 대상으로 간주하면서 북한이 안심하고 개혁·개방을 추진할 수 있는 환경을 마련해 주는 것이 대북 정책의 주된 관심이었다. 즉 '법적인 통일(de jure unifcation)'보다는 남북한이 상호 체제 인정, 평화 정착, 교류 협력 등을 통해 '사실상의 통일(de facto unification)'을 이루는 데 관심이 집중되었다.[12]

요컨대, 화해·협력 기조 속에서 통일에 대한 관심과 의지보다는 교류·협력의 확대가 더욱 중요한 대북정책의 목표인 것처럼 간주하기도 하였다. 그러나 교류·협력의 확대와 북한의 변화를 단선적인 관계로 낙관했던 기존의 통일 담론은 북한의 변화 거부와 핵무기 고집

---

[11] 이홍구 전 총리 인터뷰, "1989년 '한민족공동체 통일방안' 수립 배경 및 남북관계," 통일노력60년발간위원회 편,『통일노력 60년: 하늘길 땅길 바닷길 열어 통일로』(서울: 도서출판 다해, 2005), p. 209.

[12] 김근식, "연합과 연방: 통일방안의 폐쇄성과 통일과정의 개방성-6.15 공동선언 2항을 중심으로,"『한국과 국제정치』제19권 4호(겨울) 통권 43호 (경남대 극동문제연구소, 2003년), p. 169.

으로 돌파구를 찾지 못하고 있다. 통일 환경의 변화에도 불구하고 다양한 통일의 가능성을 검토하고 대응하는 정책적 유연성보다는 여전히 남북 간 교류와 협력의 양적 팽창에 매달렸다.

III. 기존 통일 담론의 한계

앞에서 살펴본 바와 같이 북한 상황의 악화에 따라 기존의 통일 담론도 벽에 막히게 되었다. 통일 의지가 실종되고, 국가 신용도 상승에 제약 요인이 되고 있으며 북한의 급변 가능성에 대한 주변국의 논의에 적극적으로 대처하지 못하고 있다.

1. 통일 의지의 실종

기존 통일 담론은 통일보다는 분단을 관리하는 것이었다. 통일은 남북 간 화해와 협력을 통해 점진적이고 단계적으로 합의에 의해서 이루어져야 한다고 주장하였으나, 사실상 통일 문제는 가급적 먼 미래의 일로 미루어 놓고 경제·사회 분야에서 교류와 협력의 양적 확대를 남북관계 발전의 지표로 간주하였다

기존 통일 담론에서는 남북의 이념과 체제가 너무 다르고 막대한 통일 비용도 우려되니 당장 통일을 논하는 것은 부담스럽다는 것이었다. 통일의 원칙이나 미래상을 분명히 제시하지 못하고 통일 한국의 정치체제로 남북한이 조금씩 양보하는 수렴론과 심지어 북한의 변화를 전제로 하지 않는 '일대일 통합' 등이 거론되기도 하였다. 통일 비전이 불투명해지고 통일 과정에서 우리의 주도권에 대한 자신감

이 약화되면서 통일에 대한 관심과 의지도 서서히 사라졌다.

IMF 경제 위기와 함께 독일 통일의 후유증이 과장되게 인식되면서 엄청난 통일 비용이 거론되기라도 하면 남아있는 통일 의지마저 무력해질 수밖에 없었다. 남북통일은 비전과 희망의 대상이기보다는 두려움과 회피의 대상이 되었다.

따라서 흔히 기존 통일 담론이 통일 지향적인 것으로 인식되는 것은 정확한 것이 아니며 기존 통일 담론에 대한 지지는 엄밀히 말하면 '통일'이 아니라 '교류협력'과 '지원' 등 대북 정책에 대한 지지이다. 실제로 2005년 통일연구원 여론조사에 따르면, 당시 정부의 평화번영정책, 남북 경협, 대북 지원 등에 대하여 40대 이상보다 높은 지지를 보이던 20대, 30대가 통일의 당위성에 대하여는 40대 이상보다 낮은 지지를 보인 것은 흥미로운 결과였다(표 2 참조).

표 2. 통일 문제에 대한 연령별 차이, 2005

	통일의 당위성에 대한 찬성	평화번영정책에 대한 찬성	남북 경협 사업에 대한 찬성	대북 지원 정책에 대한 찬성
전체	83.9	73	84.8	72.3
20대	77.8	74.5	86.6	79.6
30대	78.2	75.9	89.4	76.1
40대	83	78	87.7	70.2
50대	83	70.6	80.6	63
60대 이상	86.7	72.7	80.6	69.9

2. 국가신인도 상승에 장애

북한의 정치·경제 상황이 점차 악화되면서 국제사회는 북한의 붕괴 가능성에 촉각을 곤두세우고 있다. 무디스(Moody's)나 S&P와 같은 신용평가 회사들은 2010년 들어 한국의 국가신용등급평가 시 북한의 급변 가능성을 주요 변수로 고려하기 시작했다.

이들의 우려는 북한의 붕괴 자체보다도 한국이 정치적, 법적, 재정적으로 얼마나 통일을 준비하고 있는지에 있다고 할 수 있다. 특히 재정적으로 재원 조달 방안, 재정 부담 능력, 통일 비용 최소화 방안 등에 큰 관심을 보이고 있다. 요컨대, 막대한 통일 비용과 통일에 대한 준비 부족은 국민의 통일 의지를 약화시키고 국가 신인도를 해치는 주된 요인이다.

그러나 우리는 북한의 반발과 국민적 합의 미비, 그리고 기존 통일 담론의 한계 때문에 적극적으로 대처하지 못하는 것이 현실이다. "북한의 급변 가능성은 없으므로 특별한 준비도 필요 없으며 우리는 점진적이고 단계적인 통일 이외에 조기 통일에 대하여는 별 관심이 없다."라고 말하는 것이 현 상황에서 국가 신용등급에 얼마나 도움이 되는지 의문이 아닐 수 없다.

3. 소극적 통일외교

주변 4국은 '포스트-김정일 체제'의 불안정성에 주목하며 북한의 급변 가능성에 대해 심도 있는 논의를 시작하였다. 월터 샤프(Walter L. Sharp) 주한미군 사령관은 2010년 9월 9일 "을지프리덤가디언(UFG) 훈련 시 급변사태를 대비한 북한 안정화 작전을 했다."라고 공개했다. 작년 4월부터 북한 급변사태 가능성에 대한 다섯 번째 언급이다. 워싱턴 관료들과 한반도 전문가들도 북한 급변사태 가능성에 대한 다양한 시나리오를 분석하고 있다.[13] 일본은 북한의 탄도미사일과 핵 문제, 납치자 문제로 인해 막대한 비용을 지출하고 있으며 통일이 궁극적 해결책이라고 믿고 있다.[14] 러시아는 2003년 8월에 이어 지난 7월 초 연해주 하산에서 북한의 대규모 난민 유입을 대비한 훈련을 실시했다.

중국의 한반도 분석가들 역시 '포스트-김정일 권력구조'의 불확실성을 인정하고 있다.[15] 그러나 중국은 국제사회의 입장과 구별되는 입장을 보이는 유일한 나라이다. 두 번에 걸친 북한의 핵실험에 대해 내부적으로 많은 논쟁을 했음에도 중국은 한반도 급변사태 대처 방안에 대해 누구와도 논의하려 하지 않고 있다.[16]

그러나 최근 북한의 경제 상황이 악화되고 경제적 고립이 심화하면서 북·중관계는 급속히 밀착하고 있다.[17] 중국은 북한의 붕괴를 방지

---

13 Paul B. Stares, Joel S. Wit, 신병철, 전경주 옮김, 『북한급변 사태의 대비』(서울: 한국국방연구원, 2009), 김정수, 재인용.

14 Victor Cha, "Korean Unification: an American Perspective," Third KINU Unification Forum, Lotte Hotel, Belle-Vue Suite (September 8, 2010).

15 신상진, "중국의 대북한 인식변화 연구: 북한 전문가 심층 면담 조사," 『통일정책연구』 17권 1호(2008), pp. 275~276.

16 Victor Cha, "Korean Unification: an American Perspective."

17 최근 중국과 북한의 밀착은 더욱 면밀한 분석을 필요로 한다. 90년대 20%대에 머물던 대중국 교역은 2000년대 들어서 꾸준히 상승하여 2009년 78.5%에 이르렀다. 중국은 6자회담 의장국으로서 북한에 대한 영향력을 유지하고 있다. 김정일은 2000년부터 총 여섯 차례 중국을 방문했는데, 중국을 제외하고는 러시아를 한 차례 방문했을 뿐이다. 천안함 폭침 사건 이후 북한은 대중국 의존을 강화하고 중국의 영향력 확대를 받아들이고 있다. 5월 방중 시 후진타오 주석이 김정일

하기 위해 무리를 하면서도 정치적, 경제적, 외교적 지원을 제공할 수 있을 것이며 북한은 중국의 대북 영향력 확대를 용인할 것이다. 천안함 폭침 사건 이후 중국이 보여준 태도는 한반도 통일 과정에 중국이 주요 변수로 등장했음을 단적으로 보여 주었다. 나진 지역에 경제특구가 설치되고 중국의 노동력이 대거 진출할 경우, 향후 북한 급변사태 시 중국의 개입 구실이 될 수 있다.

북한의 급변 가능성에 대한 주변국의 논의는 우리의 미래에 관한 것이다. 북한 붕괴 시 국제적 관리(신탁통치) 방법, 자국의 개입 가능성, 북핵 관리, 난민 처리, 소형 무기 확산 방지 등 다양한 의제가 우리와 무관하게 논의 중이거나 논의될 것이다. 그러나 한국은 북한의 급변 가능성에 대한 이들 나라의 논의에 적극적으로 대처하지 못하고 있다. 주변 국가들은 한국이 북한의 급변 가능성에 왜 미온적으로 대처하는지 오히려 의문을 제기하는 실정이다. "남북 간 합의 통일이 우리의 목표이고 북한을 자극할 수 있기 때문에 북한의 급변 가능성을 논의할 수 없다."라는 입장을 언제까지 고수해야 할지 고민하지 않을 수 없다.

위원장에게 "내정 및 외교, 국제정세 등에 대한 전략적 소통"과 "국제 및 지역 문제에서 협력 강화" 등 5개 제안을 한 것은 중국의 대북 영향력 확대 의지를 노골화한 것으로 평가된다. 김정일 위원장은 8월 다시 중국을 방문해 중국의 개혁·개방을 극찬하고 북·중 경제무역협력과 관련한 중국의 요구사항을 대폭 수용했다. 중국이 추진 중인 '창춘-지린-투먼 개발'에 긴요한 나진항과 청진항의 자유로운 사용권과 경제특구의 노무관리, 출입국관리, 투자보장 등 여러 가지 안전장치를 제공하기로 한 것으로 알려졌다.

Ⅳ. 분단 관리에서 통일 대비로

1. 통일에 대한 관심과 의지의 회복

통일 준비의 일환으로 실종된 통일 담론의 부활과 통일에 대한 국민의 관심과 의지를 회복시키는 일이 급선무이다. 이를 위해 통일 의지에 가장 부정적 영향을 미쳤던 통일 비용의 실체를 객관적으로 분석하고 알려야 한다. 또한, 통일이 가져올 미래 비전에 대한 논의를 활성화함으로써 통일 의지를 고무해야 한다.

독일 통일 20주년을 맞은 2010년 독일 통일이 재조명되고 있다. 한때 통일에 대한 부정적 이미지를 주었던 독일 통일의 경험은 우리에게 긍정적 이미지로 바뀌어 전달되고 있다. 통일 이후 초기의 과다한 통일 비용 지출, 심리적 통합 실패, 사회적 혼란이 부각되었으나, 이제 동독 지역의 성공적인 체제 이행, 통일 독일의 경제적 부흥, 국가 브랜드 가치 상승, 유럽 통합과 안보 환경 개선 등 긍정적 측면에 주목하고 있다.[18]

이미 우리 사회에서도 통일 환경 분석, 체제 전환 및 통일 사례의

---

[18] 서재진, "통일비전과 학교 통일교육의 과제," 제주지역 학교통일교육 대토론회 기조연설(2010.9.17), pp. 2~5.

긍정적 측면 분석, 통일 비전 개발 등 통일 관련 논의들이 시작되었다. 통일 의지를 회복하기 위한 논의는 세 가지로 요약될 수 있다.

첫째, 통일 비용이 너무 과장되었다는 점이 지적되고 있다. 통일 비용은 포괄적이고 추상적인 개념으로 연구자의 목적과 방법, 통일의 방식, 북한 주민의 생활수준 향상 목표치 등에 따라 달라지는데,[19] 천문학적 수치만 선정적으로(sensationally) 제시됨으로써 통일에 대한 두려움을 조장했다는 것이다. 따라서 천문학적 통일 비용을 우리가 감당할 수 없기 때문에 통일이 되면 우리는 큰 피해를 당하게 되니 어떻게 해서든지 북한의 붕괴를 막고 통일을 지연시켜야 한다는 논리는 잘못된 것이라는 것이다.[20]

둘째, 통일 비용은 통일로 얻을 수 있는 이득은 계산하지 않고 투입된 비용만 계산한 것이나, 실제로 통일 이득이 비용보다 훨씬 크다는 것이다.[21] 여기에는 통일과 동시에 자동으로 소멸되는 분단 비용, 통일 비용을 투입해 북측의 경제를 건설하는 과정에서 얻게 되는 남측의 경제적 이득, 장기적 소득 증대를 중심으로 하는 편익의 증대 등은 포함되지 않았기 때문이다.[22]

셋째, 통일 편익과 연관된 것으로 통일에서 우리가 얻을 수 있는 유무형의 가치에 주목하는 것이다. 정치, 경제, 군사, 사회 등 다양한

---

[19] 김정수, "이명박 정부의 '통일세' 제안 배경과 실효적 논의를 위한 제안," 미발표 논문, p. 13.
[20] 신창민, "통일 비용 및 통일 편익," 『분단관리에서 통일대비로』, 통일연구원 세미나(2010. 9. 1), p. 2.
[21] 서재진, "통일비전과 학교 통일교육의 과제."
[22] 신창민, "통일 비용 및 통일 편익," p. 24.

분야에서 통일의 비전이 제시되고 있으며 이러한 비전들이 통일에 대한 의지를 회복하는 데 기여하고 있다.

군사·안보적으로 남북통일은 대한민국에 대한 가장 큰 위협이 영원히 사라지는 것을 의미한다. 북한의 핵 문제와 장거리 미사일 문제 등 한반도와 동북아 안정을 해치던 악재들이 해결될 것이다. 대규모 국방비 절감, 전쟁에 대한 우려로 인한 투자기피 해소, 신용등급 상승 제약 요인의 제거 등은 경제적 이익으로 이어질 것이다.

정치·외교적으로 북한 문제를 둘러싼 정치적 갈등이 소멸하면서 경제 발전과 사회 통합에 국력을 결집할 수 있을 것이다. 통일을 계기로 역내 통합과 평화에 기여하는 통일 한국의 국제적 이미지를 고양함으로써 국가 브랜드를 강화하고 경쟁력 제고에 기여할 수 있을 것이다.

경제적으로 남북통일은 남한의 자본과 기술, 북한의 자원과 노동력의 결합으로 시너지 효과가 크다. 독일식 흡수통일이 아닌 중국·홍콩식의 관리가 가능하다면 통일 한국의 실질 GDP가 2050년 6조 5,000억 달러로 프랑스, 독일, 일본도 능가할 것으로 전망하였다.[23] 국방비와 같은 분단 비용의 감소와 동북 3성으로 연결되는 새로운 시장 기회의 창출과 러시아 극동 지역의 석유와 천연가스 사용 등이 모두 통일로 기대되는 경제적 이익들이다.

사회·문화적으로 분단으로 인한 갈등과 적대감을 치유하고 지역주의 갈등을 완화함으로써 민족의 자긍심을 고취하고 내적 동력을 극

---

[23] Kwon Goohoon, "A United Korea? Reassessing North Korea Risks (Part 1)," *Global Economic Paper,* No:188, Goldman Sachs (September 21, 2009).

대화할 수 있을 것이다.

2. 통일 방식에 대한 국민적 합의 도출

대다수 국민의 통일에 대한 부정적 인식은 독일과 같이 갑작스러운 흡수통일에 크게 영향을 받았다고 할 수 있다. 특히 1조 7,000억 유로에 달하는 막대한 통일 비용과 같은 부담을 남북통일 시 우리도 경험하게 될 것으로 예상하고 있다. 통일 준비를 위한 구체적 과제들을 논하기에 앞서 다음과 같은 주요 쟁점들에 대해 국민적 합의가 도출되어야 할 것이다.

○ 기존의 통일정책과 같이 통일 비용과 사회 혼란을 줄이기 위해 점진적·단계적 통일을 추진하며 통일을 가급적 뒤로 미루는 일이 계속되어야 하는가?

○ 북한의 비핵화와 개방을 전제로 평화공동체와 경제공동체의 동시 실현을 통해 통일을 앞당기는 노력이 바람직한가?

○ 조기 통일 시 통일 비용과 사회 혼란을 줄이기 위한 방안은 무엇인가?

○ 북한의 붕괴 가능성에 대한 국제사회의 우려와 논의에 대하여 우리가 어떻게 대처해야 하는가?

○ 북한의 붕괴 조짐이 나타날 때 이것을 통일의 기회로 삼아야 하는가 아니면 붕괴를 지연시키고 북한을 안정시키기 위해 지원을 해야 하는가?

○ 여전히 북한과의 대화 노력과 지원은 필요한가?

○ 남북 대화와 통일 준비는 병행할 수 있는가?

이밖에도 통일 방식에 대한 많은 쟁점이 있겠으나 우선 통일 비용을 줄이고 우리가 주도적이고 적극적으로 통일을 준비하기 위해서는 다음과 같은 합의가 필요할 것이다.

첫째, 북한을 관리하고 남북관계의 안정만을 희구하는 소극적 대북 정책에서 탈피하여 통일을 적극적으로 준비하는 통일 정책을 추진해야 할 것이다. 통일 준비에는 북한의 급변 가능성에 대한 대비도 성역 없이 포함될 것이나 북한을 급변사태로 유도하기 위한 조치와는 구별된다. 북한의 급변 가능성에 대한 대비 자체는 북한의 난민 발생, 소형 무기의 확산, 동북아 지역의 불안정 등으로부터 우리 자신의 이익을 지키기 위한 것으로 우리의 권리이다. 이는 중국, 러시아 등 북한의 우방국들도 하고 있다. 한편, 북한의 호응이 있을 경우 평화공동체와 경제공동체를 동시에 추진하여 통일을 앞당기는 노력도 피할 이유가 없다.

둘째, 대한민국의 성공 모델을 적극적이고 주도적으로 북한에 확산시키는 통일 정책이 필요하다. 한국의 민주주의 확립과 경제 성장에 대한 자부심을 바탕으로, 한국이 민족적 책임감에서 한반도 문제를 풀어가는 데 주도적 역할을 수행해야 할 것이다. 한국의 자유민주주의와 시장경제는 지난 60년간 우리 국민이 스스로의 힘과 노력으로 성취한 소중한 자산이다. 이를 더욱 발전시켜나가기 위해 노력을 기울이는 한편, 이러한 발전과 복지의 혜택에서 소외된 북한 주민의 처지에 동정심과 책임감을 느껴야 하며 이를 개선하는 데 최선을 다해야 할 것이다. 북한의 변화에 대한 회의감이 커지고 이념, 인권, 민주주의, 경제력 등 남북 간 격차가 너무 벌어져서 수렴론과 일대일 통일과 같이 한때 통일 논의를 주도했던 담론들에 대한 회의감이 커지고 있는 것은 당연한 결과다.[24]

셋째, 앞에서 살펴본 바와 같이 과장된 통일 비용 계산의 문제점을 지적하고 다양한 통일 편익에 주목하는 것은 통일에 대한 우리의 관심과 의지를 회복하기 위한 첫 번째 노력이라고 할 수 있다. 통일 비용은 정의상 한시적이고 통일 편익은 영구히 계속되는 것이므로 총편익이 총비용보다 언제나 크다.

그러나 통일 편익에 대한 새로운 인식이 통일 비용에 대한 우려를 완전히 해소할 수 있는 것은 아니다. 통일 비용은 통일 시점부터 일정 기간 집중적으로 발생하는 반면 그에 따른 편익은 통일 비용이 투자된 후에야 비로소 본격적으로 발생하기 때문이다.[25] 다시 말해서 통일 비용은 당장 현 세대가 겪어야 할 부담인 반면 통일 편익은

---

24 첫째, 과거 서독의 동방정책을 예로 들어 통일 한국의 정치체제가 남북 양자가 조금씩 양보하는 수렴론에 입각해야 한다는 주장이 있으나, 현 상태의 북한을 수렴한다는 정책의 실현 가능성에 대한 의문이 커졌다. 사실 동방정책 역시 서독이 형성한 게임의 장으로 동독을 포용하는 것이었다. 더욱이 독일과 달리, 남한의 경제적 우위에도 불구하고 북한은 남한을 '미제의 식민지'라고 주장하며 정통성을 폄하하고 있는 현실이다. 둘째, 연방제든 '낮은 단계의 연방제'든 일대일 통합은 비현실적이다. 북한은 남북간 엄연히 존재하는 체제·이념 등 이질적 요소에도 불구하고 당장 정치적 통합을 이룰 수 있다고 주장하고 있으나 북한의 변화를 전제로 하지 않은 수령제와 통합체제를 이룰 수 있다는 것은 역사적으로 존재한 적이 없는 비현실적인 주장이다.

25 통일비용과 통일이익의 발생 시차로 인해 발생하는 경제적 문제점과 해결방안에 대하여는 이석, "통일의 경제적 문제: 개념과 시각," 『KDI 북한경제리뷰』 제12권 8호 (KDI, 2010.8), pp. 7~11을 참조.

대부분 다음 세대가 미래에 누릴 이득이라는 것이다.

이와 같이 통일 비용과 통일 편익의 발생 기간별 불일치로 비용 대편익의 논쟁은 평행선을 달릴 수밖에 없다. 아무리 편익이 비용보다 크다고 하더라도 통일을 추진해야 할 통일 세대가 과중한 부담 때문에 통일에 부정적인 태도를 취할 가능성은 여전하다는 것이다. 따라서 통일 비전을 개발하는 일 못지않게 통일 비용을 줄이는 방법을 강구하고 이에 대한 국민적 합의를 도출한 후 이를 실행하는 것이 통일 준비의 핵심이라고 할 수 있다.

조기 통일 시 비용 부담을 절감하기 위해 통일 후 급진적 경제통합보다는 점진적 경제통합을 추진하는 것을 고려할 수 있다. 급진적 경제통합의 경우, 통일 직후 북한지역에 한국사회와 유사한 교육·훈련·복지 혜택을 제공하고 사회·경제적 인프라를 구축하는 것을 의미한다. 한편, 점진적 경제통합의 경우, 북한지역을 경제적으로 분리 관리하여 경제적 비용과 편익의 발생 스케줄이 장기간 걸쳐 진행되도록 조정할 수 있을 것이다. 예컨대, 중국·홍콩식의 일국양제, 특별행정구역, 경제특구 등이 고려될 수 있다. 점진적 경제 통합의 추진 여부와 형태는 통일 이전에 결정되어야 할 것이다. 일단 정치 통합이 이루어지면 통일 한국의 동등한 유권자가 된 북한 주민이 우리와 똑같은 권리와 의무를 갖게 되며 이들은 당연히 급진적 경제 통합을 원할 것이다. 이는 통일 이후 북한지역에 대한 투자 통제가 더는 통일 이전과 같지 않음을 의미한다.

통일 비용을 줄이기 위한 또 다른 방법으로 통일 이전 남북 경협을 고려할 수 있는데, 그 규모와 속도 등 조건에 대해서 국민적 합의가 필요하다. 대규모 경협이 조기에 실현되기 위해서는 남북 경협을 담당하는 북한의 경제 주체가 남한과 시장경제에 우호적이라는 조건이 반드시 수반되어야 할 것이다.[26] 이는 단순한 남북 경협의 양적 확대를 넘어서 북한체제의 질적 변화를 전제로 북한 경제의 재건을 체계적으로 지원하는 것을 의미한다. 통일 이전의 남북 경협은 상대적으로 북한 주민의 의사와 관계없이 우리의 의사대로 추진할 수 있다는 장점이 있다.

3. 통일 준비 실행

통일 방식에 대한 국민적 합의가 이루어지면 이를 바탕으로 통일 준비를 실행에 옮길 수 있을 것이다. 통일에 대한 준비는 미래에 대한 불확실성을 제거하고 두려움을 줄임으로써 통일에 대한 관심과 의지를 회복하는 데 도움을 줄 수 있다. 여기에는 인력 양성, 법적·제도적 준비, 재정적 준비, 통일 교육, 통일외교 등이 포함된다. 남한의 젊은 세대에게 통일에 대한 관심을 제고하는 것은 통일 준비에 가장 중요한 것이라고 할 수 있다.

경제적으로 북한을 분리 관리하는 데 국민적 합의가 이루어진다면 경제단위의 성격에 맞추어 북한지역 주민의 참정권 및 선거제도, 보건제도, 교육제도, 사법제도 등과 관련한 법적·제도적 준비가 필요하다. 경제적으로 통일 이전 철도, 도로, 항만 등 북한 인프라에 대한 투자를 통해서 통일 비용을 절감할 수 있으나, 앞에서 언급한 대로 북한체제의 질적 변화가 전제되어야 할 것이다. 통일 이전 우리의 재정 건전성을 강화하고 경제 체질을 강화하는 것도 통일 기금을 마

---

26 위의 글, p. 22.

련하는 것 못지않게 통일 대비를 위해 필요한 것이다.

대외적으로 남북통일의 당위성과 통일 과정에서 한국이 주도적 역할을 수행해야 함을 국제사회에 확산시키면서 우리의 통일 비전을 주변국과 공유하고 지지를 확보하기 위한 통일외교를 강화하여야 할 것이다. 남북통일은 동북아 평화와 안정, 지역통합에 기여할 수 있다는 점을 강조할 필요가 있다.

V. 맺음말

최근 통일 논의가 급증하게 된 것은 북한 요인에 기인한다. 북한 상황의 악화로 기존의 통일 담론이 한계에 이르고 통일 담론의 새로운 패러다임이 요구되고 있다. 기존의 통일 담론은 통일을 막대한 비용 부담을 수반하는 위협적이고 두려운 것으로 간주하면서 가급적 먼 훗날의 일로 미루려고 했다면, 새로운 패러다임은 통일을 긍정적 기회로 간주하고 적극적이고 주도적으로 준비하자는 것이다.

언제, 어떤 형식으로 통일이 다가올지 알 수 없지만 잘 준비한다면 조기 통일의 기회를 피할 이유는 없다. 통일 비용을 절감하는 방법도 다양하고, 비용보다 이득이 무궁무진하다는 것도 새삼 알게 되었다. 통일을 통해 북한의 재래식 군사력, 핵무기, 미사일 위협 등의 문제가 해결된다면 한반도 뿐만 아니라 동북아와 세계에 엄청난 긍정적 성과가 아닐 수 없다. 통일 준비는 우리의 미래 성장 동력을 준비하는 투자이다. 통일 준비가 전혀 없었을 때 갖던 통일에 대한 막연한 불안감은 통일 준비가 어느 정도 진행되면서 통일에 대한 의지와 자신감으로 바뀔 것이다.

새로운 통일 논의가 북한의 급변사태 가능성을 염두에 두고 시작된 것은 아니지만, 통일이 반드시 점진적이고 단계적으로 오는 것만은 아니다. 통일의 기회는 올 수 있지만, 우리의 노력과 준비가 없다면 통일은 저절로 이루어지지 않는다.

참고문헌

단행본

박명규 외. 『2008 통일의식조사』. 서울: 서울대학교 평화통일연구소, 2008.

통일노력60년발간위원회 편. 『통일 노력 60년: 하늘길 땅길 바닷길 열어 통일로』. 서울: 도서출판 다해, 2005.

Stares, Paul B. and Joel S. Wit. 신병철, 전경주 옮김. 『북한 급변 사태의 대비』. 서울: 한국국방연구원, 2009.

Wintrobe, Ronald. *The Political Economy of Dictatorship*. Cambridge: Cambridge University Press, 1998.

논문

김근식. "연합과 연방: 통일방안의 폐쇄성과 통일과정의 개방성-6.15 공동선언 2항을 중심으로." 『한국과 국제정치』 제19권 4호 (겨울) 통권 43호, 2003.

김정수. "이명박 정부의 '통일세' 제안 배경과 실효적 논의를 위한 제안." 미발표 논문

박형중. "북한의 6자회담 전략 변경과 향후 전망." 통일연구원 온라인 시리즈 10-34, 2010. 9. 8.

서재진. "통일비전과 학교 통일교육의 과제." 제주지역 학교통일교육 대토론회 기조연설, 2010. 9. 17.

신상진. "중국의 대북한인식변화 연구: 북한 전문가 심층 면담 조사." 『통일정책연구』. 17권 1호, 2008.

이 석. "통일의 경제적 문제: 개념과 시각." 『KDI 북한경제리뷰』. 제12권 8호, 2010. 8.

신창민. "통일 비용 및 통일 편익." 『분단관리에서 통일대비로』. 통일연구원 세미나, 2010. 9. 1.

임강택. "남북교역 중단으로 인한 경제적 파급효과." 통일연구원 온라인 시리즈 10-17, 2010. 5. 24.

최진욱. "북한의 대남 비방·협박과 남북 관계 전망." 통일연구원 개원 18주년 기념 학술회의 『분단시대를 넘어 통일시대로』. 2009. 4. 8.

_____. "미국의 대북추가제재: 의미와 전망." 통일연구원 온라인 시리즈 10-32, 2010. 8. 9.

_____. "김정일 건강 악화 이후 북한의 통치방식 변화와 대내외 정책." 『KDI 북한 경제리뷰』 11권 7, 2009. 7.

Abramowitz, Morton. "North Korean Latitude." *National Interest*. No. 100, March-April, 2009.

Cha, Victor. "Korean Unification: An American Perspective." Third KINU Unification Forum. Lotte Hotel, Belle-Vue Suite, September 8, 2010.

Kwon, Goohoon. "A United Korea? Reassessing North Korea Risks (Part 1)." *Global Economic Paper*. No:188, Goldman Sachs, September 21, 2009.

남북통일 추진 방법

안드레이 란코프(Andrei Lankov)

2010.6.29 (화), 16:00-20:00 | 통일연구원 국제회의실

바람직한 남북통일을 위해 통일에 대한 주변국의 견해와 남한의 외교 방향을 분석했다. 논리를 전개하는 데 세 가지 가정이 전제로 사용되었음을 밝힌다. 첫째, 남한사회는 통일을 바람직하게 생각하고 있으며, 북한과의 통일로 인한 경제적 손실을 감내할 의지가 있을 것이다. 둘째, 북한은 중국식 개혁과 개방을 하지 않을 것이다. 셋째, 장기적으로 북한체제의 현상 유지는 불가능할 것이다.

중국은 동아시아의 핵심세력이며 북한과의 관계에서도 주요 행위자이다. 중국의 목적은 간단명료하며 그 목표가 뚜렷한 수직적(위계적) 구조로 이루어져 있다. 중국의 첫 번째 장기 목적은 중국 인근 지역의 안정을 유지하는 것이고, 두 번째 목적은 한반도의 분단 상황을 현 상태로 지속시키는 것이며, 세 번째 목적은 북핵 문제를 해결하고 한반도의 비핵화를 꾀하는 것이다. 중국이 안정성 유지라는 첫 번째 목적에 우선순위를 두고 있는 만큼 이를 달성하기 위해서는 두 번째 목적과 세 번째 목적도 무시될 수 있음을 아는 것이 중요하다.

러시아는 중국과는 다른 이해관계를 갖고 있지만, 중국과 유사하게 안정성 유지, 분단, 그리고 비핵화를 주요한 전략 목표로 삼고 있다. 그러나 러시아는 북한에 큰 관심을 두고 있지 않으며, 남북통일에 따른 이해관계에 직접적으로 관련돼 있지도 않다.

반면 미국의 유일한 목적은 비핵화이다. 북한의 핵 프로그램은 미국에 심각한 위협으로 받아들여지고 있다. 북한의 핵무장은 다른 불량국가들, 특히 중동에 아주 위험한 전례로 남을 수 있다. 또 다른 문제점은 북한이 제3세력으로 분류되는 테러 집단에도 핵무기를 판매하거나 핵 기술을 이전할 수 있다는 것이다.

일본은 통일된 한국이 정치적, 경제적으로 일본의 주요 경쟁국이 될 것이며, 일본에 적대적인 태도를 유지할 것으로 생각하므로 남북통일에 대해 비관적이며 적대적이기까지 하다.

급변사태 발생 시 가장 바람직한 통일 방향은 남한이 북한의 영토에 대한 주권을 주장하고 혼란에 빠진 북한에 행정적인 통제를 가하는 것이다. 그러나 이 경우 중국을 비롯한 외부 세력들의 반대가 클 것이며, 행정적인 통제를 위해서는 군대를 파병해야 하는데 무력 충돌의 가능성이 커서 남한의 거센 반대 여론에 직면할 가능성도 배제할 수 없다.

중국 또한 급변사태 시 북한을 자신들의 통제 하에 넣으려고 할 수 있다. 북한에서 급변사태가 발생할 경우, 중국은 대규모 피난민 유입, 핵 물질과 대량살상 무기 밀수입, 재래식 무기 확산, 그리고 불안정으로 인한 동북아시아의 경제적 타격 등 많은 문제를 통제하기 위해 북한에 괴뢰정부를 설립할 가능성도 있다. 그러나 이러한 중국의 개입은 곧 한반도 분단의 영구화를 의미한다.

만약 남한이 위기에 처한 북한을 통제할 능력이나 확고한 통일 의지가 없다면 그에 대한 차선책으로 북한 문제를 국제화하려 노력해야 할 것이다. 이 경우 북한을 통제하는 세력은 중국 세력이 아닌 국제적으로 인정받은 '국제평화유지세력'이어야 하며, 일정한 기간이 지난 후에는 이들 모두 이북 땅에서 철수할 것을 약속하고 그 이후 북한의 미래는 주민투표로 결정되어야 할 것이다. 그렇게 된다면 북한 주민은 남한의 입장을 압도적으로 지지하여 남북통일을 앞당길 수 있을 것이다.

공식적으로 국제화를 담당할 기관으로는 UN이 적당하며, 이를 실질적으로 관리할 기관은 6자회담을 기반으로 한 국제위원회가 바람직하다. 중국의 우려를 해소하기 위해 미군이 차후 북한에 주둔하지 않을 것을 약속한다면 중국 또한 큰 반대는 하지 않을 것이다.

이 발표문의 주제는 '통일외교'다. 이 주제는 자명한 것처럼 보일 수도 있지만, 그렇지 않다. 최근 몇 십 년 동안 '통일'이라는 말은 독특한 변화를 겪었고, 이제 개념을 명확하게 할 필요가 있다.

현대 한국어 전문 용어로 '통일'이라는 말은 가장 긍정적인 의미가 함축된 단어들과 함께 묶일 수 있다. 하지만 이 말은 처음에 지녔던 의미를 상당 부분 잃어버렸다. 오늘날 '통일'이라는 말은 북한 다루기와 관련된 모든 것을 묘사하는 데 사용된다. 북한을 다루는 행위가 통일을 추진하는 것과 아무런 관계가 없다 할지라도(객관적으로 말해 그 행위가 통일 가망성을 줄인다 해도) 말이다. 예를 들어, "통일부"는 통일과 관련된 일을 다루기보다 대북 정책에 관한 다양한 문제들을 다룬다.

이 발표에서 '통일'이라는 단어는 처음의 의미로 사용될 것이다. 나는 통일, 다시 말해 '남한'이라 불리는 영토뿐 아니라 현재 '북한'이라고 불리는 영토까지도 포함하는 민족 국가의 재건을 이룩하는 데 필요한 외교적 노력에 관해 얘기할 것이다. 다소 널리 퍼진 인식과는 반대로, 본 발표자는 그러한 통일이 바람직하고 또 성취할 수 있다고 믿는다.

Ⅰ. 가정

분석과 제안에 앞서, 이 발표에서 사용된 몇 가지 가정들을 먼저 개괄하는 것이 이치에 맞을 것이다.

가정 1: 남한 사회는 평화 통일을 환영할 것이다.

첫 번째 가정은 남한이 통일을 매력적이고 현실적인 외교정책상의 목표로 바라본다는 것이다. 남한에서 통일을 바람직하지 않은 것으로 인식하는 사람들(특히 젊은 층)이 계속 증가하고 있다는 것은 공공연한 비밀이다. 한국의 우파와 좌파 간 경쟁구조에도 불구하고 양쪽 모두 바라는 통일의 염원을 이들 '통일반대파'들은 공개적으로 반대하지는 못한다. 그러나 통일이 원칙적으로 바람직하지만 먼 미래의 일로 연기되어야 한다고 말함으로써 통일을 피하려 하고 있다. 즉 이들은 통일을 경제 대란의 징조로 보기 때문에 그들 세대에서 통일이 되는 것을 바라지 않는다. 이러한 태도는 시간이 흐를수록 점점 더 일반화될 수 있고, (통일을 달성하는 수단이 되는 정치적 의지를 좀먹거나 없애버림으로써) 결국 통일 자체를 위협할 수도 있을 것이다. 하지만 우리는 가까운 장래에 남한의 대다수가 통일을 바람직한 것으로 여기는 여론이 형성될 것이며, 한국인들이 이 목표를 달성하기 위해 희생을 치를 용의가 있다고 가정한다.

가정 2: 북한 스스로 개혁하지 않을 것이다.

북한이 중국식의 점진적 발전을 성공적으로 받아들일 것이라는 예측은 많은 한국 사람들에게 큰 희망이 되어왔다. 주로 진보적인 견해를 갖는 사람들은 이렇게 생각한다. 그들은 남한 주도 하에 이뤄지는 북한과의 흡수통일로 인해 발생할 경제적 문제들을 크게 걱정하며, 북한의 점진적 변화가 남한과 북한 간의 경제적 격차를 좁히는 데 이바지해주기를 희망한다. 평양이 보이는 소소한 변화에 대해서도 북한 지배층이 중국식 개혁에서 희망을 보고 개혁에 착수했다는 확실한 표지로 받아들이며 환호한다. 하지만 실제로 북한에서 개혁은 일어나지 않았다. 게다가 그러한 개혁이 몇 년 안에 일어나지 않으리라고 예상할 수 있는 타당한 이유도 있다.

남한의 존재 때문에 북한의 개혁은 이뤄지지 못하고 있다. 같은 언어를 사용하며 공식적으로 같은 민족으로 여겨지는 부유한 자유국가 남한의 존재로 북한은 개혁에 있어 정치적으로 큰 부담감을 가질 수밖에 없다. 중국이나 베트남과 같은 공산주의 국가들의 개혁 성공은 북한과는 다른 정치적 환경에서 이루어진 것이다. 중국에 '남중국'은 존재하지 않았기 때문이다. 타이완은 중국과 비교할 때 그 규모가 너무 작다는 점을 고려해 보라.

북한 고위층은 대규모의 개혁이 북한체제 붕괴로 이어질 것이라 믿고 있는데, 이러한 그들의 의견 또한 타당해 보인다. 개혁의 결과로 북한 주민은 남한의 부유함을 알게 되면서 북한 정부를 덜 두려워하게 될 것이다. 또한 이들은 엄청나게 부유한 남한과의 통일이 북한의 경제 상황을 즉각적이고 극적으로 호전시킬 것으로 추측할 것이다. 이 경우, 그들이 1990년에 동독인들이 보였던 행보를 답습하는 것을 막을 수 있는 방도는 많지 않을 것이다.

다른 포스트 공산 국가들과는 달리 북한 지도층이 스스로 성공적인 자본가나 민주주의 정치가로 탈바꿈하기에는 그 길이 너무 험난해 보인다. 중국과 소련의 지도층이 한 것처럼 그들이 만약 공영기관 민영화를 통해 회사 경영인이 될지라도, 북한의 녹슨 구식 공장들은 한국의 대기업들이 북한에 진출하면 가치 없는 시설이 될 것임이 자명하다. 또한 북한 지도층은 통일 후에 처벌을 받을까 두려워하고 있다. 북한 정부는 부정부패를 비롯해 많은 범죄를 저질렀으며, 지도층 인사들은 위협을 피해 망명할 곳을 찾을 수 있으리라는 희망도 품지 못할 것이다. 만약에 러시아나 중국이 그들을 받아들인다고 해도 남한 정부가 강하게 고집하면 그들은 언젠가 한국으로 인도될 가능성이 크다.

북한 지도층의 가장 합리적 생존 전략은 모든 상황을 그들의 통제하에 놓고 극적인 변화를 피하면서, 동시에 자생적 변화에 맞서 싸우는 것이다. 체제의 안정성을 꾀하기 위해 그들은 국내 반대파들에 대한 '무관용' 정책을 지속하고, 기술적으로 가능한 만큼 국민을 외부세계로부터 고립시키며, 정부 주도 하의 배급 체계를 재활성화하기 위해 노력해야 할 것이다. 만약 그들의 정책이 완고하게 진행되고 운 또한 따라준다면, 수십 년 동안은 그들의 사회를 지탱할 수 있을 것이다. 또한 그들은 외부의 압력을 심각하게 받지 않을 것이다. 앞으로 살펴보겠지만, 대부분의 나라가 북한의 상황이 현재처럼 계속 이어지길 바라고 있기 때문이다.

가정 3: 장기적인 시각에서 북한의 현재 상황은 지속되지 못할 것이다.

더 장기적인 안목에서 현재의 북한체제는 유지되지 못할 것이다. 북한 사회는 아래에서부터 변화가 일어나고 있다. 1990년대 중반, 정부 주도 시장과 배급제의 붕괴는 민간 시장과 개인 사업의 폭발적 증가를 초래하였다. 대다수 북한사람은 국가에서 독립해 사는 법과 국가의 간섭에서 벗어나는 방법을 배웠다.

북한의 국경지대 통제가 붕괴하면서 북한 주민이 대규모로 중국으로 탈출하는 결과를 낳았다. 그들은 먹을 것과 일자리를 찾아 대단위로 움직인다. 피난민 중 오직 적은 수의 사람들만이 한국에 도달했고, 대다수 사람은 중국의 경제 성장에 대한 이야기와 그보다 더 발전한 한국에 대한 소문을 들은 후 북한으로 돌아갔다. 불완전한 국경 통제 탓에 밀수입이 행해지고 있고, 그 품목에는 한국의 DVD와 휴대용 (소형) 라디오가 포함되기도 한다. 검열되지 않은 정보의 확산은 북한사회의 장기 생존을 위해 필요한 자발적 고립체계를 꾸준히 침식하고 있다.

만연한 부패 행위 또한 사회 변화를 촉진하고 있다. 현재 북한에서는 소액의 뇌물만 가지고도 최근까지 전적으로, 명시적으로 금지됐던(오늘날까지도 여전히 기술적으로는 금지돼 있는) 행위들을 할 수 있다. 정부 관료들은 상인들에게 뇌물을 받은 대가로 그다지 많은 심문을 거치지 않고 열차를 통해 전국에 상품을 팔 수 있도록 허용한다. 그러지 않았다면 북한에서 개인 거래가 폭발적으로 증가하는 일은 불가능했을 것이다. 체제 전복을 불러올 수도 있는 국외 소식의 확산 또한 북한 관료들의 부패가 없었다면 불가능했을 것이다. 바꿔 말하면, 머지않아 결국 북한체제는 붕괴할 것이고, 역사가 증명하듯 그 붕괴는 점진적이지 않을 것이며 이 과정을 제어하기란 결코 쉬운 작업이 아닐 것이다.

Ⅱ. 주변국들의 목표

우리의 주된 목표는 한국의 '통일외교'가 다루어야 할 과제들을 분석하는 것이므로, 한반도 문제에 중대한 이해관계를 갖고 있으며 한반도 미래 상황 전개에 영향을 미치는 위치에 있는 관련국들의 목표를 예측해보는 것이 의미가 있을 것이다. 그 국가들의 목표를 현실적 관점에서 명확히 평가함으로써 앞으로 한국이 어떠한 방향으로 나아가야 할지를 가늠할 수 있을 것이다.

1. 중국의 목표: 안정, 분단, 비핵화

중국은 동아시아에서 주요 강대국이자 북한 문제 관련 주요 행위자(key player)로 부상하고 있다. 중국의 목표들은 단순하며 깔끔한 계층 형태를 띠고 있다. 중국의 첫 번째 장기 목표는 지역 내 안정 유지다. 두 번째 목표는 한반도를 남북 분단 상태로 유지하는 것이다. 세 번째 목표는 핵 문제를 해결하고 한반도를 비핵화하는 것이다. 이들 각 목표는 중국의 장기적인 국가 이익에 따라 결정되며, 가까운 미래에 변화될 것 같지는 않다.

안정

오직 안정되고 합리적으로 예측 가능한 국제 환경 속에서만 자국의 유례없는 경제 성장을 유지할 수 있으므로, 안정 유지는 중국이 최우선시 하는 사안이다. 중국의 빠른 경제 성장은 중국식 '개발 독재'를 가능하게 하는 암묵적 사회계약의 기본 요소다. 현재 중국 정부는 정통성에 문제가 있지만, 정부가 가져다주는 물질적 풍요 탓에 국민은 그 점을 문제 삼지 않고 있다. 그래서 중국의 고위층은 단순히 국가적 이익을 위해서만 경제 성장이 필요한 것이 아니라, 중국 내부에서 안정적 입지를 유지하기 위해서도 필요하다.

따라서 경제 발전 계획에 쏟아붓고 있는 노력과 자원을 분산시킬 수 있는 인접 국가들의 위기를 중국은 원하지 않는다. 중국은 한반도 문제에 매우 민감하다. 북한 정권이 붕괴하면 중국은 피난민 유입, 핵무기와 핵기술의 밀수입, 소형 병기 확산, 그리고 남아 있는 북한 군대와의 무력 충돌 등과 같은 여러 가지 어려움을 겪을 것이다. 중국은 현상유지(status quo)를 선호하지만, 새롭게 이룩될 균형 상태가 안정적이고 위협적이지 않다고 판단할 경우에는 변화를 받아들일 것이다. 어떤 식으로든 안정되기만 한다면 그것이 무질서 상태보다는 낫다는 것이다.

분단

북한에 대한 중국의 또 다른 전략적 목표는 남한과 북한의 분단 상태를 지속시키는 것이다. 남한과 북한 간의 커다란 경제 격차 때문에 통일은 당연히 현대적이고 부유한 남한이 빈곤하고 저개발 상태인 북한을 흡수하는 형태가 될 것이다. 그러한 통일은 거대해진 남한과 중국이 국경을 맞대게 된다는 것을 의미한다. 통일된 한국은 중국의 최대 지정학적 경쟁자인 미국과 동맹 관계를 유지할 확률이 높으며, 심지어는 한반도 내에 미군 주둔을 허용할 수도 있을 것이다. 설령 미군이 통일된 한반도에서 철수하더라도, 통일 한국은 민주주의 진영에 속하게 될 것이며 미국 주도 하의 '서방 동맹'으로 기울 것이다. 마지막으로 중요한 점을 언급한다면, 한국의 통일은 중국이 남북한 간 마찰과 충돌을 이용해 자신의 국익을 증진할 기회를 빼앗아 간다는 것이다. 그러므로 중국은 북한이 완충 지대로 남아 있기를 원할 것이다.

비핵화

'비핵화'라는 목표가 지니는 의미를 과대평가해서는 안 되지만, 비핵화는 분명히 중국의 의제(agenda)의 일부다. "공식적으로 인정된" 5대 핵보유국에 속하는 중국은 회원제 고급 클럽 멤버로서, 그 특별 지위를 유지하고 싶어할 것이다. 중국은 핵무기 확산을 원하지 않지만, 객관적으로 말해 그런 일이 일어날 가능성은 북한의 '벼랑끝 전술' 때문에 상당히 높다. 중국은 북한의 핵무기 소유가 결국 일본과 남한, 그리고 어쩌면 타이완의 핵무장으로까지 이어질지도 모른다고 우려하고 있다. 이러한 우려는 근래의 진전 사항들에 의해 부분적으로 줄어든 상황이다. 예전의 우려와는 달리, 북한의 핵실험이 아직은 동아시아의 핵무기 경쟁으로 이어지지 않았기 때문이다.

이러한 중국의 목표들이 뚜렷한 계층적 속성을 띠고 있다는 것이 중요하다. 남북 분단을 유지하는 것보다는 안정이 중국에 더 우선시되며, 분단의 지속은 비핵화보다 중요하다. 이러한 계층적 전략을 중국

정책결정자들은 명확히 이해하고 있는 것으로 보인다.

한국 입장에서 봤을 때, 이러한 계층적 접근은 큰 의미가 있다. 첫째, 중국이 핵 문제와 여타 중요한 문제들과 관련해 북한을 압박할 것이라는 이상적이며 순진한 희망을 가져서는 안 된다. 중국이 핵으로 무장한 북한을 원하지 않는다는 것은 확실하다. 그러나 중국은 북한을 지나치게 압박하다가 자칫 북한 내부의 위기 사태와 정권 붕괴로 이어지지 않을까 우려한다. 중국의 견지에서는 위기 발생과 이어지는 지역 내 불안정이야말로 북한 핵 개발 프로그램이나 북한의 다른 도발보다 더 큰 위협으로 여겨진다. 따라서 중국은 지역 불안정을 제외한 사안들에 전력을 기울이지 않을 것이며, 북한과 남한의 현재 상태가 지속되는 한 중국은 북한을 무조건 지지할 것이다. 다른 한편으로는, 아래에서 살펴보겠지만 위에서 언급한 계층적 목표의 구조는 미래에 통일 문제가 진행되는 동안 중국의 입장에 영향을 줄 목적으로 사용될 수도 있을 것이다. 근래의 중국은 비핵화를 안정성과 분단이라는 두 개의 중요한 목적을 위해 희생시키고 있다. 이와 같은 맥락에서, 안정성 유지라는 상위의 목적을 실현할 수 있다면 중국은 적절한 여건 하에서 남한과 북한의 분단을 지속시키기 위한 노력 또한 포기할 수 있다는 것이다.

2. 러시아의 목표: 안정, 분단, 비핵화

러시아는 중국과는 다른 이해관계를 갖고 있지만, 같은 목표가 있다. 러시아는 중국처럼 안정, 분단, 그리고 비핵화를 전략적 목표로 삼고 있다.

안정

러시아도 중국처럼 자신들의 경제 성장을 유지하기 위해 안정을 중요시한다. 천연자원 수출에 큰 비중을 두고 있는 러시아의 국제무역은 장기간의 계약과 투자에 근간을 두고 있으며, 이는 예기치 않은 불안정한 사건들의 발생으로 인해 위협을 받을 수 있다. 여전히 다소 약해진 상태인 러시아는 몇몇 상황에서 그들에게 닥친 새로운 과제들에 대응하기 위해 꼭 필요한 자원들이 부족하게 될 수 있다. 북한의 위기는 러시아에 해로운 결과를 가져올 것이므로, 그들은 중국처럼 현 상태가 유지되는 것을 선호할 것이다.

분단

러시아는 여전히 모스크바에서 중요한 경쟁자로 인식되는 미국의 영향을 받는 통일된 한국의 탄생을 원하지 않는다. 러시아의 분석가들은 한반도의 북쪽 지역에 친중 성향의 정부가 탄생할 가능성을 배제할 수 없으며 그러한 사태의 전개가 러시아에 어떠한 이점도 주지 못한다는 데 동의한다. 러시아에게는 중국 또한 잠재적 위협 대상이기 때문이다. 러시아는 한반도가 남한과 북한으로 분단되어 있기를 바란다. 모스크바는 평양의 독재 정부가 서울과 워싱턴의 압력에 잘 저항하고, 베이징에 너무 가깝지 않은 상태로 북한의 내부 안정을 유지할 수 있기를 희망한다.

비핵화

러시아는 공식 핵 보유국으로서 북한의 비핵화에도 관심을 두고 있으나, 다른 것에 비해 그 중요도는 상대적으로 낮은 편이다. 미국과 달리 러시아는 다른 적국의 핵무장을 걱정하지 않으며, 모스크바는 핵 테러의 위협을 심각하게 받아들이지 않는 듯 보인다.

이처럼 러시아의 전략적 목표도 중국과 비슷한 계층적 우선순위 체계 구조를 취하고 있다. 안정성을 최우선 과제로 보고 분단 유지와 비핵화는 그 다음 과제라 여기고 있다.

하지만 중국과 러시아 사이에는 큰 차이점이 존재한다. 두 나라 대북 전략의 구성은 비슷하나 러시아는 북한과 이해관계의 정도가 훨씬 낮다. 2009년에 북한과 중국의 무역 거래량은 27억 달러였으나, 러시아는 그보다 20배 적은 수치였다. 또한 주목할 만한 점은 지난 15년 동안 러시아 경제는 급격한 변화를 겪었고 이제 경제 회복단계로 돌아섰음에도 그동안 북한과 거래량은 눈에 띄게 증가하지 않았다는 점이다.

이러한 무역 거래량의 차이와 두 나라 간의 장기적 거래 부진은 북한 문제에 대한 러시아와 중국의 서로 다른 이해관계 수준을 보여준다. 러시아 외교 정책의 관심은 주로 구소련 공화국, 유럽, 중국, 그리고 미국 등 몇 개 지역에 집중되어 있다. 다른 지역은 상대적으로 중요시하지 않으며 주변부로 인식할 뿐이다. 러시아는 상징적인 의미로 북한에 대한 지지를 표명하기는 하지만 실질적인 지원은 거의 이루어지지 않는다. 중국과 달리 러시아는 한반도에서 목표를 이루기 위해 자국의 자원을 소비하지 않을 것이다. 이와 같은 이유로 인해, 러시아는 중요하기도 하지만 부수적인 행위자로 자리매김되며, 아울러 모종의 타협에 이를 수 있는 환경도 조성된다.

이런 맥락에서 나는 평양에 대한 러시아의 영향력이 얼마나 되는지 언급하지 않을 수 없다. 위에서 인용한 수치들이 분명히 보여주는 것처럼, 그 영향력은 한계를 갖고 있다. 그러나 북한 처지에서 러시아는 중요한 이점을 지니고 있다. 러시아는 세계에서 유일하게 북한 정권을 명백하게 적대시하지 않는 국가이며, 또한 북한 내정에 간섭할 의향도 능력도 없다. 그러므로 러시아는 북한에 위기가 발생할 경우, 중재자로 받아들여질 수 있다.

3. 미국의 목표: 비핵화

미국의 몇 가지 목표들이 지닌 구조는 꽤 단순하다. 미국의 압도적이고 거의 유일한 관심은 비핵화다. 북한의 핵 프로그램은 미국에 직접적인 위협으로 받아들여지고 있다. 미국은 북한의 핵무장이 다른 불량 국가들, 특히 중동이 그대로 따라 할 수 있는 위험한 선례가 될 수 있다고 우려한다. 또 다른 우려는 북한이 테러 집단일 수도 있는 제3자에게 핵 기술을 넘겨주거나 핵 물질을 팔 수 있다는 것이다.

북한 문제에 연루된 다른 국가들과 달리 미국은 통일을 대체로 찬성하리라고 보는데, 그 이유는 현 상황에서 통일이 이루어진다면 남한이 확대된 형태의 국가가 만들어질 것이 거의 확실하기 때문이다. 그러나 통일을 위해 노력하는 것이 미국 정책의 주요 목표는 아니다. 미국은 북한의 핵 프로그램을 폐지하는 데 필요하다면 남북통일 또는 그와 관련된 문제들에 관해 타협할 용의가 있을 것이다.

4. 일본의 목표: 비핵화

이해관계가 얽힌 모든 국가들 중에서 일본은 현재 가장 덜 중요한 국가인 듯하다. 일본의 주요 목표는 북한의 비핵화이다. 또한 일본은 통일 한국이 정치·경제적으로 일본의 주요 경쟁자가 될 것이며 일본에 적대적 태도를 유지할 것으로 생각하기 때문에 남북통일에 회의적이며 적대적이다. 그러나 일본은 적극적인 개입을 통해 한반도 위기 사태의 최종 결과에 영향을 미치려 하지는 않을 것이다.

Ⅲ. 피할 수 없는 북한의 위기, 어떻게 대비해야 하나

1. 중·단기 전망(5~15년)

향후 5년에서 15년까지 북한 정부는 자신들의 국가를 완벽히 통제할 수 있을 것이다. 적어도 김정일이 살아 있는 동안 주민의 불만으로 인한 대규모 폭동은 일어나기 어려울 것이며, 고위 관료의 단결 또한 유지될 것이다. 중국 또는 다른 강대국들은 북한이 파산하지 않고 기아에 시달리지 않을 만큼만 원조를 베풀 것이다. 어떠한 국가도 북한에 효과적 압력을 행사할 수 없거나 또는 행사하고 싶어 하지 않을 것이다. 북핵 협상이 계속되겠지만, 실질적 결과를 많이 내지는 못할 것이다. 그러는 사이에 북한 경제는 침체 상태에 머물러 북한과 성공적인 이웃나라들의 차이는 꾸준히 벌어질 것이다.

러시아나 중국 모두 북한이 현 상태를 유지하는 한 북한을 버리지 않을 것이다. 러시아와 중국 정부 모두 북한의 정책에 만족하고 있지는 않으나 그들은 미국과 한국, 그리고 기타 국가들이 북한에 점차 많은 압력을 가하려는 것을 은밀히 방해하면서 북한이 완충 지역으로 남을 수 있도록 그저 미미한 정도의 자원을 북한에 지원하는 것이 타당하다고 믿고 있다.

하지만 장기적인 시각에서 볼 때 이러한 일시적인 안정성은 어느 시점에 가면 붕괴할 것으로 보이며, 과거 역사가 여러 차례 증명하듯이 그 붕괴는 별다른 사전 예고 없이 급격히 이루어질 가능성이 있다.

현재 우리는 북한체제의 완전한 붕괴를 유발할 수 있는 세 가지 시나리오를 상상해 볼 수 있다. 첫째, 개혁 시도로 붕괴가 빨리 올 수 있다. 북한의 새 리더들이 중국식 개혁을 시도한다면 사회통제가 느슨해져 변화를 요구하는 목소리가 증폭될 것이며, 그 결과 북한체제가 무너질 수도 있다. 둘째, 북한 수뇌부가 더는 결속해 있지 않다는 사실을 명백히 보여주는 쿠데타가 일어나 (성공하건 실패하건 간에) 위기로 이어질 수 있다. 셋째, 주민의 자발적인 폭동으로 혁명의 불길이 북한 전역으로 번져나갈 수도 있을 것이다. 이 세 시나리오의 조합도 생각해 볼 수 있다. 루마니아의 경우처럼 군사 쿠데타와 국민 봉기가 잘 맞아떨어져 정권이 전복된 예도 있다.

북한이 다가오는 미래에 위기에 처하면 북한에 중앙 관료제 정부가 들어설 수도 있다. 그러나 그보다는 법질서가 붕괴되고 적대적인 세력들이 등장할 가능성이 더 많아 보인다. 따라서 북한 정권의 붕괴는 인접 국가들에 새로운 안보 위협으로 인식될 것이다. 남한의 외교는 이 위기가 즉각적인 또는 종국적인 통일로 이어질 수 있도록 많은 노력을 기울여야 할 것이다.

2. 단독 계획으로 인한 문제점

가장 이상적인 형태의 통일은 남한이 북한 정권 붕괴 시 즉각적이고 단독적으로 조치를 취하는 것이다. 남한 헌법에 따르면 북한이라 불리는 한반도 북쪽 지역도 모두 남한의 영토라고 명확히 정의를 내리고 있으므로 남한은 효율적인 행정 관리와 정치적 통제를 위해 북한에 남한 군대를 주둔시켜야 할 것이다. 이와 더불어 미국의 제한적인 지원 또는 동참이 있을 것이다.

그러나 실제로 그러한 일들은 일어나기 어려우며 실현 불가능할 수도 있다. 우선 중국이 반대할 것이다. 앞으로 보게 될 것처럼, 원칙적으로 중국은 남북통일에 반대하지는 않으므로 타협의 가능성은 열려 있다. 그러나 남한이 단독적으로 북한에 영향력을 행사하려 한다면(특히 미국의 지지를 받아 그렇게 한다면) 중국은 불만을 품게 될 것이고, 중국 정부는 이 위기를 자국의 이익을 증진할 기회로 간주하게 될 것이다.

남한 내부적으로, 단독 행동을 가로막는 훨씬 더 큰 장애물이 있다. 폭력이 횡행하고 혼란스러운 상황에 빠진 북한에 남한 군대를 보내는 것은 남한 여론의 거센 반발을 불러올 수밖에 없다. 그러한 군사 작전은 사상자 발생을 피할 수 없기 때문에 정치적인 측면에서 이러한 행위는 불가능해질 수 있다. 남한 국민을 설득해 통일의 대가를 치르도록 할 수는 있겠지만 쉽지는 않을 것이다. 남한 국민들은 대체로 '자신의 할아버지들과 달리' 통일을 위해 싸우다 죽기를 원하지 않는다. 정권의 붕괴와 북한의 몰락이 일어날 경우, 군대를 북한에 보내겠다는 결정은 남한 여론의 반대에 부딪힐 것이며 남한 정부 또한 정치적 자살 행위라 판단하고 파병을 포기할 것이다.

3. 중국 개입의 시나리오

현 북한체제와 법질서의 붕괴는 중국에 심각한 안보 위협으로 다가올 것이다. 중국과 북한이 접하고 있는 국경지대의 길이와 중국의 지리적 접근성 때문에 중국의 주요 대도시들은 즉시 큰 곤경에 빠질 것이다. 중국이 대처해야 할 주요 사태는 다음과 같다.

피난민의 유입

1990년대 말 북한의 감시 체제가 어느 정도 작동할 때에도 20만 명에 이르는 북한 피난민들이 중국으로 넘어왔다. 그러나 내부의 감시 체제가 붕괴한다면 그 수는 100만을 쉽게 넘어설 것이다. 중국이 그만한 숫자를 감당할 수 있다고 해도 그 피난민 중 상당수는 군인 또는 특수부대 출신으로서 중국에 살면서 그들이 평생 동안 받은 훈련으로 다져진 전투 능력을 발휘할 것이다. 무력을 독점하고자 하는 중국 정부는 그들에 대해 우려하지 않을 수 없다.

대량 살상무기와 핵 물질의 확산

북한은 30~50kg의 플루토늄과 곧바로 실전에 투입할 수 있는 소수의 핵 장비를 가진 것으로 알려져 있다. 북한은 또한 화학 무기와 생물학 무기도 비축해 두었을 것이다. 이러한 무기가 비축된 저장 시설에 대한 중앙 통제가 사라질 경우, 이 위험한 물질들은 북한에서 중국으로 쉽게 밀수입될 것이다. 그 저장고 책임자들이 밀수입하는 경우를 상정해 볼 수도 있다. 최종 구매자가 중국에서 먼 곳에 위치한다 하더라도 이 위험 물질들의 거래 경로는 당연히 중국을 거칠 것이다. 그리고 이러한 무기나 관련 기술이 중국에 적대적인 세력에게 판매될 수도 있을 것이다.

소형 무기들의 확산

북한이 이전부터 '인민의 전쟁'과 게릴라 작전 수행을 강조해왔다는 것은 북한이 소총, 경기관총 같은 소형 무기들로 가득 차 있다는 것을 뜻한다. 이러한 무기들은 대부분 허술하게 관리되고 있으며 분쟁이 발생하면 중국을 통해 국제시장으로 유입될 가능성이 크다. 중국은 내부 안정성을 중요시하고 있으며 중국 내부에서 발생할 수 있는 폭력 행위의 위협을 심각하게 받아들이고 있다.

이와 같은 문제들 때문에 중국 지도부는 북한 내 군사작전을 고려할 수도 있다. 북한군과 연합으로 벌이는 이 군사작전은 1979년에 캄보디아에서 시행된 베트남의 군사작전과 1968년에 체코슬로바키아에서 행해진 소련의 군사작전과 비슷한 양상으로 전개될 수 있다. 즉 군사력을 이용해 수도를 점령한 다음 그곳에 자국에 우호적이고 의존적인 정부를 수립하는 한편, 전선을 지방으로 확대하는 방법이다.

이러면 북한은 주권국가로서의 위상을 지킬 수 있겠지만 중국의 괴뢰정권에 의해 통치될 것이다. 북한의 현 상황을 고려할 때, 중국 점령군은 협력자가 부족해 곤란을 겪는 일은 없을 것이다. 왜냐하면 북한 중상층 관료들 대다수에게는 친중국 괴뢰정부가 들어서는 것이 남한과의 통일보다 분명히 덜 부정적인 일이 될 것이기 때문이다. 통일된 한국에서 그들은 기소될 수 있으며, 사회적 지위 또한 박탈당할 것이 거의 틀림없다. 그러나 중국의 통제를 받는 정부 하에서는 그들의 지위가 보장될 것이며 기소를 당할 일도 없을 것이다.

중국이 북한을 접수함으로써 남북 분단이 영구화될 수도 있다. 종국에 가서는 친중국 정권이 너무 불안정해져 중국이 이 정권을 버리지 않으면 안 되는 상황이 올 수도 있지만, 이 정권으로 인해 북한 상황이 안정될 가능성이 더 크다.

4. 중국의 북한 통제를 막을 수 있는 방법들

민족주의적 성향을 지닌 한국인들의 견해와 달리 중국은 실제로 북한을 점령하고 싶어하지 않는다. 객관적으로 말해서 중국은 북한을 점령하여 얻을 이익이 그다지 크지 않다. 북한의 천연자원이 주는 의미가 없지는 않지만 상대적으로 작다. 또한 중국의 북한 점령은 남한과 중국의 관계를 훼손해 서울을 미국 진영과 더 가까워지게 할 것이다. 현재처럼 일본, 그리고 좀 더 낮은 정도로 미국에 적대감을 갖는 남한의 민족주의자들은 즉시 중국을 주요 목표대상으로 삼을 것이며, 중국에 인접한 국가들도 중국의 북한 점령을 위험한 선례로 받아들이게 하는 역효과를 초래할 것이다. 그 인접 국가 중 한 국가의 고위 외교관은 저자와의 개인적 대화에서 다음과 같이 말한 적이 있다. "중국이 북한을 점령하면 중국은 신선한 피를 맛본 호랑이 같이 될 것이다"[역자 주: 일단 피 맛을 본 호랑이가 또 다른 먹잇감을 찾을 것이다]. 마지막으로, 중국을 향한 북한 주민 대다수의 마음은 아마 더 멀어질 것이다. 즉 주민들과 괴뢰 정권은 1960년대와 1970년대에 친소련사회주의 동유럽 정부들이 처했던 상황과 유사한 상황에 빠지게 될 것이다. 북한 주민은 친중국 정부의 정책으로 그들의 상황이 상당히 나아지더라도 자신들의 통치자들에게 비판적인 태도를 보일 것이며, 그들을 수치를 모르는 배반자이자 베이징의 꼭두각시로 간주할 것이다. 동시에 남한이 이루어낸 성과를 부러운 눈으로 바라볼 것이다.

중국은 현재 이러한 모든 잠재적인 문제들을 잘 이해하고 있기 때문에 북한을 귀속시키기 위해 열정적으로 노력하고 있지는 않다. 그러나 급변사태가 발생할 경우, 남한 정부가 자기 입장을 명확하게 표현하지 않는다면 중국이 독단적으로 행동할 수 있다. 따라서 외교채널을 통해서 중국의 북한 점령 가능성을 줄이는 것이 가능할 것이다. 중국이 가장 중요시하는 대북 전략 목표가 안정 유지라는 것을 잊어서는 안 된다. 베이징은 자국의 전략적 위치를 악화시키지 않으면서 안정성을 확고히 하는 방향을 선택할 것이다.

그렇다면 북한 문제를 국제무대의 도마 위에 올려놓는 것은 합리적인 정책이라 할 수 있다. 북한 정부의 붕괴로 남한이 흡수통일을 하려 할 때, 남한의 정치적 의지와 자원의 결핍을 보완하기 위해서 남한은 북한 문제를 국제 문제로 발전시키는 것이 좋을 것이다. 남한과 다른 동맹국들은 중국이 홀로 북한을 귀속시키는 것을 방지하기 위하여 UN의 평화유지군을 지원받기 위해 힘써야 할 것이다. 물론 중국에서도 지원 차원에서 군대와 인력을 보내겠지만, 그것은 공식적으로는 법질서를 회복하고 위험하고 불안정한 북한을 안정시키려는 국제원조 중 일부로만 보이게 될 것이다.

본 사안의 '국제화'는 한국에 상당한 이익을 가져다 줄 것이다. 이는 한국이 중국을 견제할 수 있게 해주어, 중국에 전적으로 의존하는 정부를 평양에 두지 못하도록 미리 막을 수 있을 것이다. UN 평화유지군 수용에 관한 협정에는 일정 시간이 흐른 뒤에 모든 군대가 한반도 북부 지역에서 모두 철수할 것을 명시하는 조항이 포함되어야 한다. 그런 연후에 국민투표로 그 지역의 미래를 결정해야 할 것이며, 이때 북한 주민 대다수가 남한과의 통일을 선택하리라는 것에는 거의 의심의 여지가 없다.

중국은 사태가 이런 식으로 해결되는 것을 받아들일 것인가? 모든 가능성을 고려해봤을 때, 중국은 이 과정을 크게 문제 삼지 않을 것이다. 중국 전문가들의 비공식 발언에 따르면, 중국이 북한에서 문제가 발생했을 때 국제적 협력으로 문제를 해결하는 방향으로 나아가면 어떠한 이익을 얻을 수 있는지를 이미 거론한 바가 있다고 한다. 중국으로서는 이러한 국제 협력에 따른 문제 해결은 중국의 책임을 무마해 줄 것이며, 또한 다른 이해 집단들에게서 커다란 이익을 챙길 수 있게 해줄 것이다. 예를 들어, 일본의 개입은 대체로 재정적인 것이 될 것임이 분명하다. 다른 동반자들 또한 이러한 사태의 전개를 지지할 것이다. 특히 러시아가 열정적으로 지지할 것인데, 사태가 그렇게 전개되지 않으면 북한지역에 생길 국제적 성격을 띤 정부에 활발히 참여할 수 없게 될 것이기 때문이다. 러시아도 북한에 대한 중국의 일방적 통제를 자신의 장기적 이익을 따져봤을 때 부정적인 것으로 여길 것이며, 중국의 북한 점령을 막는 것을 목표로 국제 연대에 참여할 것이다.

그리고 이제는 널리 알려진 중국의 중요한 우려 사항들을 개선하는 것도 현명한 방법이다. 중국은 한반도가 미국의 동아시아 거점으로 남기를 원하지 않는다. 중국은 미군이 한국에서 모두 철수하는 것을 원하고 있으며 한국이 중립국이 되기를 원할 것이다.

그렇다면 그것이 한국에도 장기적으로 이익이 될지 지켜볼 필요가 있다. 제국주의적인 중국을 견제해야 하는 것도 잊어버려서는 안 된다. 그러나 모든 당사국의 관심을 충족하는 타협점이 있을 수 있다. 통일 이후, 미국과 남한은 현재의 비무장지대 북쪽으로는 미군을 주둔시키지 않겠다는 명료한 약조를 해야 한다. 이러한 조약은 워싱턴도 확실히 받아들일 수 있을 것이다. 미국의 주요 목표는 핵무기를 제거하는 것이다. 현대 군사강국에게 있어서 잠정적 적대국 국경에 군대를 200~300km 더 인접한 지역에 주둔시킬 수 있는지 여부는 중요하지 않다. 따라서 이러한 조약은 다음 두 가지 면에서 워싱턴 측에 치르기에 합당한 대가로 여겨질 것이다. 첫째, 핵 위기를 해결한다는 점, 둘째, 미국과 밀접한 관계를 유지할 수밖에 없는 정권 하에서 통일 한국이 세워진다는 점이다.

Ⅳ. 구체적인 외교 조치

만약 통일 문제가 국제화된다면, UN이 한반도 북부 지역에서 합동 평화 유지 활동을 승인할 위치에 있는 유일한 국제기구로 보인다. 하지만 UN은 비효율적인 것으로 악명이 높다. 느리고 다루기 어려우며 다른 복잡한 분쟁들로 과부하가 걸려 있다. 따라서 UN이 그러한 역할에 정당성을 부여할 수 있을 만큼 충분한 공신력을 가진 유일한 국제기구이긴 하지만 실제적인 의사결정은 다른 기구에서 이루어져야 할 것이다.

이러한 관점에서 본다면 6자회담은 추후에 발생 가능한 분쟁들을 제어하거나 향후의 방향을 논하는 데 이상적이다. 북한 문제에 명백한 이해관계를 가진 모든 국가가 6자회담에 참여하고 있다. 오랜 세월 동안 지속된 이 회담 덕분에 어느 정도 신뢰가 구축되었고 참여국들이 자주 만나 당면한 문제점을 의논하고 신속한 결정을 내릴 수 있을 만큼 조직 규모도 적당히 작다. 북한에 심각한 문제가 발생했을 때 이러한 조직의 중요성은 더욱 커질 것이다.

이러한 연유로 6자회담은 필요하지만 북한의 완벽한 비핵화를 6자회담을 통해서는 이룰 수 없을 것이라는 데 이견이 없다. 그러나 6자회담이 북한과 관련된 모든 사안을 논하는 데 유익한 장임은 분명하다.

최근 일부 사람들은 6자회담을 '다자적 안보 체제'로 바꿔야 한다고 주장한다. 그것은 매우 좋은 생각처럼 보이지만 향후 몇 년이 지나야 6자회담을 교체할 만한 '다자적 안보 체제'가 구성될지 알 수 없으며 그 실현 가능성 또한 의문이다. 6자회담은 검증된 모임이다. 비록 요즘 대화가 잘 이어져 가고 있지는 않지만, 다시 활성화된다면 큰 도움이 될 것이다. 동시에, 중국과 비공식 대화 채널을 유지하는 것도 중요할 것이다. 중국이 이러한 민감한 문제에 관해서 공개적으로, 심지어는 비공개적으로도 대화하기를 거부할 수 있기 때문이다. 연고가 있는 학자들 또는 퇴직 관료들 간의 교류와 협상(track two diplomacy)은 큰 도움이 될 것이다. 그러한 논의 도중에(가능하다면 미국의 참여와 함께) 실현 가능한 타협안의 윤곽이 잡힐 수 있을 것이다.

이와 함께 미국과 중국이 한국을 제외한 채로 일종의 협약을 진행하지 못하도록 하는 것이 중요하다. 불행히도 그럴 가능성을 배제할 수는 없는데, 친중국 성향의 북한 정권이 핵무기를 포기할 것이라는 추정 하에 미국이 중국의 지배하에 놓인 북한을 승인할 수도 있기 때문이다. 이러한 타협은 결코 한국에 도움이 되지 않을 것이므로 미리 막아야 한다. 가장 좋은 방법은 미국과 중국 사이에서 행해질 수 있는 모든 접촉과 논의들을 잘 감시하는 것이다. 기회가 될 때마다 남한은 그러한 논의에 전면적으로 참여할 권리를 계속해서 요구해야 한다.

토론

본 토론은 사회자 최진욱(통일연구원) 주재 하에, 발제자 안드레이 란코프(국민대)와 김정수(통일연구원), 김진하(통일연구원), 김태현(중앙대), 김형국(숙명여대), 김호섭(중앙대), 유현석(경희대), 유호열(고려대), 이기현(통일연구원), 이유진(숙명여대), 전병곤(통일연구원), 한용섭(국방대), 현성일(국가안보전략연구소) 등이 토론자로 참여했다. 통일연구원의 송문희, 메레디스 쇼(Meredith Shaw), 서은성, 송은아, 김지용 스태프가 회의 보조와 녹취를 도와주었다.

1. 북한의 개혁·개방 의지와 급변사태 발생 가능성

질문

발표자는 개혁·개방이 가져올 정치적 위험 부담 때문에 북한 권력자들이 개혁·개방 자체를 실행할 수 없다고 보는 것 같다. 그러나 중국의 향배를 유심히 지켜봐야 한다. 현재 중국은 딜레마에 빠진 것 같다. 중국은 한반도 지역의 안정 유지를 위해 북한에 지속적인 원조를 해야 하지만, 그 비용을 간과할 수 없을 것이다.

얼마 전에 있었던 북한 김정일 위원장의 중국 방문에 대해 여러 가지 추측이 있었다. 중국은 북한에 계속적인 지원을 약속했을 수도 있고, 강력한 변화를 요구했을 수도 있다. 가장 중요한 것은 후진타오가 김정일에게 북한의 개혁·개방 필요성에 대해서 새삼 강조한 것이다. 북한의 개혁·개방 의지와 성공 가능성이 의문이다.

답변

근래 들어 중국 개혁·개방의 성공적 결과가 널리 칭찬을 받고 있다. 그러나 좀 더 자세히 살펴보면, 시골 지역에서만 성공에 대한 논의가 이어지고 있고 대도시 지역에서는 더는 거론되는 주제가 아니다.

중국은 자신들의 대북 원조가 북한의 개혁과 개방을 위한 것이라고 공식 표명하고 있지만 그것은 사실이 아니며, 중국은 그저 북한의 현상 유지를 원할 뿐이다. 또한 현재 중국의 경제력을 살펴봤을 때, 10억 달러에 달하는 대북 원조금은 그리 큰 금액이 아니다. 가장 중요한 문제는 중국의 대북 원조가 과연 언제까지 이어질 수 있는가이다.

질문 1

이제 북한은 차기 지도자 선택을 고려해야 한다. 김정은이 과연 성공적으로 세습을 마칠 것인가, 아니면 장성택이 권력을 찬탈할 것인가가 문제의 핵심이다. 김정은이 세습하면 김정일의 정치노선을 따라갈 것이기 때문에 북한에 많은 변화가 있지는 않으리라고 여겨지지만, 김정일 사후에 장성택이 지도자가 되면 북한 주민은 장성택에게 변화를 요구할 것이고, 이에 부응한 장성택이 핵을 포기하고 국제사회의 원조를 받으면서 중국식의 점진적 개혁·개방을 추진할 수도 있을 것이다. 즉 북한의 개혁·개방 가능성이 아주 없는 것은 아니다. 남한은 김정일 사후 누가 지도자가 되는가에 맞춰 두 가지 대응 전략을 마련해야 한다.

질문 2

발표자가 제시한 급변사태의 의미를 살펴보면, 급변사태는 곧 북한의 붕괴를 의미하는 것 같다. 그러나 북한의 붕괴가 오로지 개혁·개방에 의해서만 초래될 것이라는 주장은 급변사태가 일어나게 될 가능성의 범위를 지나치게 제한하는 것이다. 북한의 붕괴를 초래할 수 있는 다른 요인들에 대해서도 폭넓은 검토가 필요하다.

질문 3

북한의 급변사태 발생 시 북한 난민들이 북쪽으로 이주하리라 예견되지만, 남한으로의 대규모 이주 또한 고려해야 한다. 아무리 통제를 잘 한다 하더라도 북한 난민의 남한 유입은 막을 수 없을 것이다. 또한 비무장지대에 매장된 지뢰들 때문에 대규모 유혈 사태가 발생할 가능성도 크다. 남한은 이러한 예측 가능한 난민 유입 문제를 어떻게 해결해야 할 것인지 미리 대책을 마련해야 한다.

답변

적어도 수십만 명에서 수백만 명의 북한 난민들이 남하할 것이다. 이 과정에서 북한 주민의 현실을 남한 국민이 목도함으로써 남한의 기존 여론이 바뀌어 통일을 더 긍정적으로 여기게 될 수 있다. 가장 바람직한 형태의 통일은 다른 국가들의 개입 없이 남북한 두 당사자가 실질적 통일 주체가 되는 것이다. 결국 북한 급변사태에 발 빠르게 대응하는 것이 남한의 가장 중요한 과제가 될 것이다.

2. 주변국의 개입 가능성은 얼마나 큰가?

질문

급변사태 발생 시 외부의 개입 가능성이 얼마나 큰가에 대해 논의해 볼 필요가 있다. 60년 동안 외부와 적대적인 관계를 유지해온 북한의 엘리트와 주민은 급변사태가 발생했을 때 과연 외부에 손을 내밀 것인가, 아니면 외부세력의 개입을 적극적으로 반대할 것인가는 그다지 어려운 질문은 아니다. 생각건대 아마도 후자의 가능성이 더

클 것이다. 일단 체제 붕괴의 혼란 상황에서도 북한 정권이 무너지지 않는다면, 외부세력의 개입 자체가 힘들 것이다. 그러나 급변사태 이후 무정부 상태로 치닫는 경우라면 북한으로서는 외부세력의 개입을 체계적으로 막아낼 수 없을 것이다. 다시 말해, 발표자가 언급한 북한 급변사태 발생 이후 외부세력의 개입 시나리오는 무정부 상태 하의 북한을 염두에 둔 것이다. 그러나 다른 가능성 역시 많다는 것을 잊어서는 안 된다.

답변

정권의 붕괴와 북한이라는 국가의 붕괴를 동일시해서는 안 된다. 국가라는 틀은 결코 쉽게 무너지지 않는 것이며, 현재의 북한 정권이 붕괴해도 또 다른 북한 정권이 만들어질 것이다. 현재 막강한 북한의 군사력을 고려할 때, 발표에서 언급한 중국의 신탁통치와 같은 형태의 국제적인 개입은 실현될 수 없을 것이다. 급변사태 때문에 북한군이 완전히 와해된다면 모를까, 세계 6~7위의 강대한 북한 군사력이 존재하는 한 국제사회의 중재뿐만 아니라 주변국들의 군사적 개입 또한 가능성이 없어 보인다.

3. 미국이 남한을 배제한 채 중국과 타협할 가능성은 없는가?

질문

발표자는 바람직한 통일 형태에 관해서 통일 문제를 국제화하는 것이 중요하다고 지적했다. 특히 UN과 6자회담의 형식적 또는 실질적 역할을 강조한 것 같다. 그러나 현실적으로 6자회담과 UN이 병행해 한반도 문제를 관리한다는 것은 다소 복잡해 보인다. UN과

6자회담의 병행이 실질적으로 가능한지의 여부도 문제다. 또한 북한의 급변사태 이후 미국과 중국, 그리고 한국이 삼각구도를 이루어 북한과의 통일 문제를 다루어야 한다고 했는데, 미국과 중국은 강대국이다. 발표자가 제시했듯이 미국의 일차적 목표가 북한의 비핵화이고, 중국의 일차적 목표가 중국 인접 지역의 안정이라는 점을 고려할 때, 남한을 배제한 채 중국과 미국의 양자 간 대화로 향후 북한의 미래가 결정될 가능성이 의외로 높을 수 있다. 이 경우 남한은 북한의 비핵화를 담보로 미국을 설득할 수 있을 것 같지만, 중국을 설득할 수 있는 현실적인 대안은 없어 보인다. 남한이 미국과 중국 간의 대화에 참여할 방법에 대해서 더욱 심층적이고 현실적인 대안을 마련해야 할 것이다.

답변

UN은 세계적으로 인지도가 제일 높은 기구이다. 그러나 여러 국가의 이해관계가 복잡하게 얽혀 있기 때문에 문제 해결의 대응속도면에서 효율적이지 못하다. 그러므로 UN은 형식적 기구로, 그리고 6자회담은 실질적 회담의 장으로 활용해야 할 것이다. 또한 남한은 미국과 중국 그리고 남한으로 구성되는 3자 외교 구도를 만들기 위해 노력해야 한다. 이미 논의한 바와 같이, 미국의 최종 목표는 비핵화이기 때문에 한국을 배제한 채 중국과 직접 대화를 나눌 수 있다. 이러한 문제점을 해소하고 주도적인 행위자가 되기 위해서 한국은 간접적이고 비공식적인 경로와 노력을 통한 외교적 노력을 기울여야 한다.

4. 러시아는 남북통일에 큰 관심을 두고 있는가?

질문

중국의 목표인 안정 유지, 분단 유지, 그리고 비핵화는 러시아의 목표와 유사하다. 비록 서두에 밝힌 것처럼 발표자가 러시아의 주류 학자가 아니라고 해도, 러시아 주류 사회의 입장을 전달해 주었으면 한다. 러시아는 어떠한 모습의 통일을 바라고 있으며, 한반도에 미치는 미국과 중국의 영향력에 대해서는 어떤 반응을 보이고 있는가?

답변

러시아는 남북한의 통일을 바라지 않을 것이다. 그러나 중국과의 차이점은 러시아가 남북한의 통일을 가로막을 강한 능력이나 의지가 없다는 점이다. 러시아가 북한에 제공하는 원조금은 미약한 수준에 불과하다. 남북한의 통일을 방해하기 위해서는, 즉 한반도의 분단을 계속 유지하기 위해서는 자본이 필요한데 러시아는 이를 위한 어떠한 투자도 하지 않을 것이다.

5. 통일 문제의 국제화가 바람직하다면 어떤 경로(route)를 이용해야 하나?

질문

한국 군부정권의 역사를 살펴보면, 박정희 정권 이후 강렬한 개혁의 바람에도 또 한 번의 군부 쿠데타와 광주항쟁 등을 거쳐 전두환 정권이 그 자리를 대신하였다. 다시 말해, 남한의 군사 독재정권도 쉽게 무너지지 않았다는 것이다.

이처럼 북한에서도 김정일 체제가 무너진 이후에 소규모의 민주항쟁이 발발하더라도 또다시 새로운 쿠데타가 일어나 북한의 독재체제가 계속 이어질 수 있다. 또한 북한에 위기가 발생했을 때 북한이 중국에 지원을 요청하고 중국이 그에 응답해 군대와 인력을 지원할 경우, 통일의 가능성은 작아지고 분단은 고착화될 것이다. 이럴 때 중국의 개입을 어떻게 막아야 할 것인가?

답변

북한에 새로운 독재정권이 들어선다 하더라도 경제적 궁핍과 여러 가지 문제들 때문에 결국 무너질 수밖에 없을 것이다. 결국 북한 주민은 남한과의 통일을 염원하게 될 것이다.

그리고 중국의 개입을 막는 방안은 여러 가지가 있다. 국제사회가 북한 급변사태를 대비할 수 있도록 사전에 함께 노력해야 할 것이며, 북한 주민이 남한과의 흡수통일을 국제사회에 강력히 요구할 수 있도록 남한의 장점을 효율적이고 체계적으로 북한 주민에게 보여 줄 수 있는 방법을 고민해야 할 것이다. 또한 통일 문제의 국제화를 추진해 미국과 국제기구의 영향력을 이용해 중국을 견제할 수 있어야 한다.

질문

발표자는 급변사태 이후 치안 유지를 위한 남한의 군대나 경찰, 또는 중국이나 다른 국가들의 공권력 투입을 가정한 채 통일 문제를 다룬 것 같다. 그러나 급변사태를 명확하게 정의할 필요가 있다. 만약 급변사태가 발생한다면 북한 내의 정치적, 경제적 이유 때문에 사전 예고 없이 갑자기 발생할 가능성이 큰데, 이 경우 실제로 2~3일 내에 남한이 적절한 대응을 할 수 있을지 의문이다.

또 다른 중요한 문제는 우리가 핵 문제와 통일 문제를 어떻게 바라보아야 하는가이다. 핵 문제와 통일 문제를 분리해 6자회담이라는 큰 틀 안에서 국제위원회의 형태로 다뤄 북한 급변사태에 대비하는 것은 외교적으로 바람직한 방법이라고 생각된다. 그러나 북한 문제에서 간과하면 안 되는 것은 급변사태 발생 이후 실제로 핵 문제와 통일 문제가 동시에 함께 다루어질 것이라는 점이다. 그러나 과연 북한 급변사태 발생 이전에 6자회담이라는 틀 속에서 한반도 질서 유지에 대해 외교적으로 공개적인 논의가 이루어질 수 있을지는 의문이다. 한반도를 둘러싼 각 주변국의 이해관계가 너무도 복잡하게 얽혀 있기 때문에 현실적으로나 기술적으로 힘들 것이라는 생각이 든다.

답변

급변사태가 발생한 이후 어떤 일들이 벌어질지 정확히 알 수는 없지만, 그 모든 일은 분명히 갑작스럽게 일어나게 될 것이다. 예를 들어 김정일이 갑자기 죽는다면 북한 사회가 어떻게 요동칠지 그 결과를 장담할 수 없는 일이다. 핵 문제와 통일 문제를 따로 분리해 논의한다는 것은 기술적으로 힘들 수 있다. 그러나 엄밀히 말해서 핵 문제는 국제사회의 문제이고, 통일 문제는 북한과 남한 간의 문제이다. 무엇보다 중요한 것은 남북한의 통일이 다른 강대국들에 위협으로 비치지 않도록 노력하는 일이다.

중국의 관점에서 본 한반도 통일 문제

주평(朱鋒)

2010.7.16 (금), 16:00-21:00 ㅣ 통일연구원 국제회의실

본 논문은 북한 붕괴 가능성과 한반도 통일에 대한 중국의 입장을 분석하기 위한 것이다. 북한 정권이 흔들리면서 통일의 전망은 예전 그 어느 때보다도 밝고 분명하다. 여기서 우리는 다양한 통일 방식을 생각해 볼 수 있다. 첫 번째는 두 주권국가가 자유의지에 따른 협의에 기초하여 통일을 이루는 것이다. 이런 방식의 통일은 성취하기 어려울 수 있으며, 통일 비용을 지급하는 문제와 누구의 접근법이 지지를 얻을 것인가 하는 문제 등을 놓고 딜레마에 빠질 수 있기 때문에 실행되기 위해서는 오랜 시간이 필요하다. 두 번째는 '독일식 통일 모델'이다. 현재 남한의 경제력은 저개발된 북한 사회를 충분히 지탱할 수 있을 것으로 평가받고 있다. 그러나 독일 통일의 사례와 비교해 볼 때, 북한 주민이 남한의 민주주의와 경제 체제에 얼마나 많은 매력을 느끼고 있을 것인가라는 중요한 문제가 남아 있다. 지난 60여 년간 북한 주민이 지속적으로 세뇌되어 사고방식이 고정된 점을 고려할 때, 남북통일의 가능성에 대해 중국은 다소 회의적인 관점을 견지하고 있다. 그러나 통일을 이루기 위해서는 남북 간에 동일한 사회적, 경제적, 그리고 이념적 관점이 공유되어야 한다는 것만은 분명하다.

반면에 더욱 현실적인 통일 시나리오들은 북한의 붕괴에 기초하고 있다. 첫째, 북한은 내부의 혼란으로 말미암아 붕괴할 수 있고, 이러한 경우에는 즉각적인 국제적 개입이 필요할 것이다. 둘째, 북한이 붕괴하면 잔존 군사력이 가장 큰 문제로 대두할 것이다. 이 경우 핵물질과 핵무기의 안전을 위하여 UN 평화유지군이 북한에 파견되어야 할 것이다. 셋째, 갑작스러운 위기 사태를 겪은 후 북한 주민은 차츰 찬란한 민주주의의 성취를 기대하기 시작할 것이다.

중요한 것은 중국이 남북통일 과정에서 어떠한 강제력도 사용하기를 원하지 않으며 남북 간의 불평등을 극복하기를 바란다는 것이다. 나아가 중국은 통일 한국이 미국과 강력한 동맹을 유지하는 것은 동북아시아의 평화에 해가 될 수 있다고 믿기 때문에 이를 바람직하게 생각하지 않는다. 그러한 상황을 예방하기 위해서 중국은 남북통일 과정에서 리더가 아닌 조력자로서의 역할을 다하고자 할 것이고, 남한이 택할 수 있는 최선의 방안은 중국과의 관계를 강화하는 것이 될 것이다. 이는 통일 한국의 발전을 위한 새로운 길을 개척하는 데 큰 도움이 될 것이다.

화폐개혁 실패와 후계 구도를 둘러싼 긴장 고조, 그리고 무엇보다 '선군'에서 '선민' 정치로 전환해 국내 통치구조를 제고하려는 시도 또한 실패로 끝난 이후 북한이 마주한 여러 중대 과제들을 고려했을 때, 한반도 통일의 전망이 지난 60여 년 동안 이보다 더 확실했던 적은 없었다. 북한이 2009년 11월 30일에 실행에 옮겼던 화폐개혁은 끔찍한 실패로 끝났다. 북한이 쏜 어뢰에 의한 천안함의 침몰은 외부로부터의 완전한 고립, 경제 개혁 실패, 그리고 국제적 도발 행위 간의 유해한 관계를 만천하에 드러냈다. 북한체제의 종착점은 어디이며, 골칫거리이기만 한 북한 정권의 안정화는 동북아시아의 경제 통합과 안보 협력 증진에 얼마나 도움이 될 것인가? 이 질문에 대한 답을 얻기 위한 탐구는 20여 년 이상 계속됐다. 통일이 성취 가능한 것이라면, 통일은 이 '북한 증후군'을 치료하는 최선의 처방이 될 것이다.

남북한 모두 UN 회원국이고 주권국가이기 때문에 남북통일의 전망은 사실 그리 낙관적이지 못했다. 통일이 자유의지에 따른 협의에 기초하여 이루어지는 경우, 누가 그 비용을 지불하고 누구의 방식이 지지를 얻을 것인가의 문제를 놓고 딜레마에 빠지게 될 위험이 있다. 이 경우 남북한 양측이 서로 자신의 방식만을 고집한다면 통일 과정은 아주 오랜 시간을 소모하게 될 것이다.

나는 다양한 통일 방식 중에서도 '독일식 통일 모델'을 염두에 두고 있다. 동독이 붕괴했을 때 서독은 동독을 흡수하기 위해 상당한 노력을 기울였다. 이것은 '흡수 시나리오'라고 불리는데, 한반도 통일을 성취하기 위한 남한의 경제력과 정치적 의지를 고려했을 때 남한 국민이 준비해야 할 통일 비용이 감당할 수 없을 정도로 크리라고는 생각하지 않는다. 그러나 동서독 통일은 서독의 찬란한 민주주의, 눈부신 경제와 성공적인 현대 시민사회라는 강한 매력을 통해서 이루어졌다는 점에 주목해야 한다. 현재 남한의 시스템이 북한 주민에게 얼마나 매력적으로 비칠지는 의문이다. 이에 대한 필자의 솔직한 견해는 다소 회의적이다. 왜냐하면 지난 60여 년 동안 지속적이고 조직적인 세뇌교육을 받아 사고방식이 고정되어 버린 대부분의 북한 주민이 손쉽게 남한의 체제를 수용할 것으로 생각하지 않기 때문이다. 김정일 세습정권은 독일 통일의 사례처럼 북한이 흡수통일 될 것을 예상하고, 그러한 상황을 예방하기 위해 북한의 시민사회를 통제하고 세뇌시켜 온 것으로 보인다.

중국인의 관점에서 볼 때, 통일은 단계적인 경제 통합에 기초해 성취될 수 있고 사회적 공통분모에 의해 추진될 수 있으며, 이를 통해 마침내 새로운 정치적 단계로 진입함으로써 남북은 양측 주민의 공정하고 정당한 이해관계를 고려한 통일 한국의 모습을 보게 될 것이다. 이러한 통일 방식이 더욱 바람직하고 그럴듯하지만, 문제는 그것이 언제 가능해질 것인가 하는 점이다. 이런 방식의 통일 모델이 더 실현 가능해지기 위해서는 북한 스스로 개혁·개방해야 하며, 남한과 원활하게 양립할 수 있도록 사회 발전을 촉진해야 할 것이다. 남북한이 사회적, 경제적, 정치적 가치는 물론 이념적 측면에서도 더 많은 부분을 공유할 수 있다면 자연스럽게 정치적, 경제적 통합을 이룰 수 있으리라 생각한다. 이러한 경우라면 의심할 여지 없이 통일은 조만간 성취될 수 있을 것이다. 그러나 이 모델의 문제점은 과연 언제 북한이 개혁하고 개방할 것인가라는 근본적인 불확실성을 지니고 있다는 것이다. 결국 이 모델의 성공 여부는 북한의 자발적 개혁·개방의 시점이 언제인가가 관건이 될 것이다. 중요한 것은 북한 정권이 언젠가는 붕괴할 것이고 북한의 붕괴는 동북아시아 평화에 큰 위협으로 다가올 것이기 때문에 남북통일은 필요에 의해서만이 아니라 북한 붕괴 이후의 문제 해결 과정을 위한 바람직한 대안을 위해서도 이루어져야 한다는 것이다.

다음으로는 다양한 통일 시나리오에 기초한 분석을 제시하고자 한다. 첫 번째는 북한이 정치적으로 붕괴하고 내부 혼란이 발생함으로써 즉각적 국제 개입이 요구되는 시나리오이다. 이 경우 북한은 개방될 수밖에 없으며 남북통일의 시점은 한발 앞당겨질 것이다. 북한 문제 해결을 위해서 국제사회는 인도주의적 개입을 하게 될 것이며, 이 경우 어떤 국가도 남한이 그 중심에 서서 더 큰 역할을 해야 한다는 점에 반대하지 않을 것이고 남한은 국가적 책임을 감당하게 될 것이다. 남한은 북한이 도움을 요청할 때 적극적인 자세로 도움의 손길을 내밀어야 하며 남한 주도의 인도주의적 개입은 새로운 통일 국가 건설에 큰 도움이 될 것이다. 이런 방식은 다음과 같은 순차적인 과정을 밟아 나가야 한다. 우선은 인도주의적 원조를 제공하고 그 다음에는 인도주의적 개입을 실행에 옮기면서, 필요하다면 일종의 국제적 안전보장을 약속하는 것을 고려할 수 있으며, 궁극적으로는 최종 단계인 정치적·법적 통일로 나아가는 것이다. 이 시나리오는 '인도주의적 개입 시나리오'라고 부를 수 있겠다.

두 번째 시나리오는 '군사적 위기 시나리오'이다. 북한이 정권의 붕괴로 고통을 겪을 때 북한군은 가장 큰 문제로 지적될 것이다. 만약 북한군이 김정일 정권 붕괴 이후에 국가 건설 과정에서 중요한 역할을 하기를 거부한다면, 이런 상황을 통제하기 위한 일종의 국제적 위기 대응 메커니즘이 필요하게 될 것이다. 이 경우 국제사회는 두 가지 측면에서 정당성을 확보할 수 있을 것이다. 첫째는 핵 물질 확산 방지에 관한 측면이고, 둘째는 핵무기 통제에 관한 명목이다. 이 두 문제는 국제적 감시와 통제가 반드시 필요한 사항이다. 따라서 이러한 상황에서는 국제적 군사 개입이 요구될 것이며, 이는 단순한 군사 개입이 아닌 급변사태에 대응하기 위한 메커니즘으로 여겨질 것이다.

마지막 시나리오는 '사회 중심 시나리오'이다. 만약 북한이 붕괴하고 정치적 권위가 해체되어 북한 내에서 어떠한 정치세력도 권위를 구축할 수 있는 합법적인 권한이 없어지게 된다면 이런 권력의 진공 상태를 무엇으로 채울 것인가? 우리는 북한 주민이 이러한 위기 사태에 대하여 어떻게 대응할 것인가를 고려해야 하는데, 아마도 그들은 통일과 민주주의의 원대함에 대한 호소를 동원하면서 자기들 스스로 조직화해 북한체제를 재구성하기 시작할 것이다. 혹은 현재 남한이 찬란한 민주주의, 성공적인 경제, 그리고 매우 활기찬 시민사회를 가지고 있기 때문에 북한 주민이 남한으로부터 새로운 권위를 도입하는 데 전적으로 의지할 가능성도 있을 것이다. 결국 북한 주민이 기존의 낡은 권위주의 정권을 대체할 새로운 권위를 요구하게 된다면 그들 스스로 자발적인 의지로 추후에 통일의 기반이 될 수 있는 합법적인 민주주의 체제를 선택할 가능성이 크다고 본다. 이상으로 북한 정권의 붕괴가 왜 통일의 가능성을 높이는지에 대한 나의 견해를 밝혔다.

두 번째 논점은 중국이 남북통일이라는 상황에서 무엇을 할 것인가에 관한 것이다. 나는 남북통일 과정에서 중국이 불확실성의 근원이 되리라고는 생각하지 않는다. 그러나 다음과 같은 점을 고려해야 한다. 베이징은 두 가지 요소에 관심을 두고 있다. 첫째로, 중국은 정당한 이유가 없는 군사적 강압을 원하지 않는다는 것이다. 이는 중국 정부의 거대한 반발을 살 것이고 최악의 상황을 일으킬 것이다. 둘째로, 북한 주민에 대한 충분한 고려 없이 통일이 너무 급하게 이루어질 수 있다는 우려가 존재한다는 것이다. 통일은 북한의 사회경제 질서가 재건될 수 있을 때 성취되어야 한다. 그렇지 않으면 향후에 쉽사리 해소할 수 없을 내적 갈등에 직면하게 될 것이다. 그러므로 통일은 합법성 구축의 수단 또는 새로운 국가 건설 작업의 일부가 되어야 한다. 이러한 뉘앙스는 중국에는 매우 중요한 사항이다. 즉 베이징의 관점에서 남북통일은 북한과 남한의 특정 정치 집단 간의 합의가 아닌 전적으로 남북 양측 주민 간 합의의 산물이어야 한다. 정치 집단들만의 합의에 따른 재통일은 표면적으로만 정치적 권위를 제공할 뿐 북한에 또 다른 불안의 씨앗을 심는 결과를 초래하게 될 것이기 때문이다.

또 다른 논점은 통일 한국과의 정책 혼선에 관한 것이다. 전통적으로 베이징은 지속적인 한미 군사동맹에 지대한 관심을 가져왔다. 한미 군사동맹은 사실상 중국 정부가 남북통일에 동조하는 데 큰 걸림돌이 되어왔다. 지정학적인 이유 때문에 통일 한국은 미국과 중국이라는 두 거대 세력의 전쟁터가 될 수도 있다. 이것은 다음과 같은 두 가지 요소에 달렸다. 첫째는 중국과 미국이 한반도 정책에서 얼마나 잘 협력할 수 있는가이다. 즉 중국과 미국의 우호관계는 한미 동맹에 대한 중국의 우려를 완화하고 중국으로 하여금 통일을 북한 문제에 대한 해결책으로 인식하도록 할 것이다.

두 번째 요소는 지역안보 상황이 장래에 어떻게 진전되는가와 관련되어 있다. 만약 현재의 동맹 체제가 다자간 지역동맹으로 전환되지 않는다면 중국 정부의 우려는 더욱 커질 것이다. 예를 들어 현재의 중심방사형(hub-and-spoke) 동맹 정치가 '아시아의 나토(NATO)'와 같은 형태로 진화한다면 코너에 몰린 중국은 큰 위기를 느낄 것이고, 한미동맹 하에서의 통일 한국에 대한 중국의 반발은 더욱 거세질 것이다.

마지막으로 남한의 전략적 선택이 중요하다. 향후 남한 정부는 두 거인 사이에서 일종의 파워 브로커가 될 것이다. 남한의 정책은 중국의 정책에 영향을 끼칠 것이다. 현재 북한의 국내 상황이 지속적으로 불안정하게 요동치고 있기 때문에 남북통일의 전망은 과거 그 어느 때보다도 높다. 통일은 북핵 문제 해결에 도움이 되는 매우 신뢰할 만한 방안이 될 것이다. 더 나아가, 전통적으로 북한은 불량 국가로 간주되어 왔지만, 통일 이후의 한국은 동북아시아 지역의 중재자로서 리더 역할을 맡게 될 것이다. 중국의 입장에서 남북통일은 이러한 매력적인 측면이 있기에 굳이 이것을 반대하고 나서지는 않을 것이다.

중국은 남북통일 문제에 중요한 이해관계가 있다. 중국은 남북한 양측 주민이 서로 바라는 바가 동등하게 존중됨으로써 동북아시아의 평화가 증진되어 중국의 지속적인 발전에 중요한 요소인 지역 내 안정성이 보장되기를 원한다. 이런 관심사를 지니고 있기 때문에 중국 정부는 통일 과정을 지속적으로 감시하면서 리더가 아닌 조력자로서의 역할을 지속할 것이고, 중국의 도움이 필요하다면 기꺼이 손을 내밀어 줄 것이다.

필자는 남한과 중국 양국이 남북통일에 관해 공개적으로 대화할 수 있다고 생각하지 않는다. 만약 중국 정부가 향후에 공식적으로 남북통일 문제에 관해 언급한다면 이는 중국이 북한을 포기한다고 선포하는 것과 다를 바가 없다. 아쉽게도 중국은 통일 문제를 이와 같은 방식으로 다룰 준비가 되어 있지 않기 때문에 남한의 파트너들과 중·한 공동의 이해관계에 따른 통일 경로 등에 관해 공개적으로 논의할 수가 없다. 나는 중국 정부가 남북통일 문제를 남북한 두 국가의 문제로 남겨놓을 것으로 생각하며 굳이 남북통일을 방해하여 남북한 주민의 분노를 사는 일을 자초하리라고 생각하지 않는다. 남북한 양측이 통일에 합의한다면 이는 멈출 수 없는 흐름이 될 것이고 통일은 중국의 찬성 여부를 떠나서 이루어질 것이다. 통일은 남북 간의 문제이며 남북한이 짊어지고 가야 할 짐인 것이다.

그러나 분명한 것은 중국 정부가 남북통일 과정에 아주 관심이 많다는 것이다. 중국은 통일이 한반도 지역에 새로운 불안정을 일으키는 것은 물론이고 통일 한국이 중국에 위협이 되는 것을 원하지 않는다. 중국은 동북 지역에 거주하는 소수민족의 반응은 물론, 국경 분쟁과 안보 문제 등에 경계를 늦출 수가 없다. 그러나 나는 적어도 이러한 문제점으로 인해 중국의 남북통일 지원에 문제가 생길 것으로 생각하지 않는다. 통일 한국이 중국과 협조하고 협력하는 한, 중국 정부는 긍정적이고 건설적인 역할을 기꺼이 수행할 것이다. 통일한국이 중국과의 우정을 중시하고 중국의 전략적인 비전을 이해하는 한, 중국은 통일 한국을 위협적인 존재로 여기지 않을 것이다. 더나아가 중국의 남북통일 지원은 통일 한국과 중국 간의 관계를 더욱 굳건하게 만들어줄 것이며, 미래의 전략적 파트너 관계를 형성하는데 큰 도움을 줄 것이다. 결국, 통일 과정은 중·한 관계에 새로운 기회의 창을 열어주게 될 것이고 통일 한국과 중국은 새로운 관계로 거듭나게 될 것이다.

토론

본 토론은 사회자 최진욱(통일연구원)의 주재 하에 진행되었으며, 발제자 주평(베이징대학교)과 김영호(국방대), 김정수(통일연구원), 김진하(통일연구원), 김창수(한국국방연구원), 김태현(중앙대), 김형국(숙명여대), 김호섭(중앙대), 유현석(경희대), 유호열(고려대), 이기현(통일연구원), 이유진(숙명여대), 전병곤(통일연구원), 현성일(국가안보전략연구소) 등이 토론에 참여하였다. 통일연구원의 송문희, 메레디스 쇼(Meredith Shaw), 서은성, 송은아, 김지용 스태프가 본 토론의 회의 보조와 녹취를 도와주었다.

1. 통일에 대한 점진적 접근법은 현실적인가?

질문

남북통일에 대한 발표자의 긍정적 전망은 기존에 일반적으로 알려진 중국의 입장과 달라서 다소 충격적이었다. 발표자의 견해처럼 통일이 남북한 간의 문제로만 국한될 수 있다면 가장 바람직하겠지만, 그렇게 될 가능성은 희박해 보인다. 발표자는 자신의 정치적 정체성에 대해서 어떻게 평가하고 있는지 궁금하다. 또한 타이완과 북한 문제의 차이점이 무엇이라 생각하는지도 궁금하다.

답변

나는 현실주의에 기반을 둔 안보전문가이지만 자유주의적인 꿈을 지니고 있는 사람이므로 자신을 자유주의적 현실주의자라고 평가하고 싶다. 물론 통일 과정은 매우 복잡할 것이고 이를 성취하기 위해서는 지대한 노력이 필요할 것이다. 나는 타이완과 중국의 통일에 대해서는 회의적 시각을 갖고 있다. 그 이유는 간단하다. 타이완 사람들은 자신을 중국인이라 여기지 않기 때문이다. 이런 정체성 문제 때문에 타이완과 중국의 통일 문제는 남북통일 문제보다 더 복잡한 양상을 띠게 된다. 적어도 남북한 사람들에게는 정체성 문제가 존재하지 않는다. 중국과 타이완의 통일과 남북통일을 비교해 볼 때, 나는 정체성 문제가 여타 물질적인 관심사들보다 더 어려운 통일의 장애물이라고 생각한다.

남북 문제의 핵심은 김정일이 통일 한국의 수장이 되기를 원한다는 점이며, 따라서 김정일이 살아 있는 한 남북통일은 사실상 힘들 것이다. 그러나 조만간 김정일도 사망할 것이고 상황은 변할 것이다. 만약 한국인이 통일을 바란다면 이루어낼 수 있을 것이며, 문제의 핵심은 어느 시기를 선택하느냐가 될 것이다. 예를 들어, 김정일 사망 시와 같이 말이다.

질문

북한의 급변사태와 같은 갑작스러운 위기 상황에서는 여러 가지 일들이 발생할 수 있다고 생각한다. 만약 북한이 급변사태로 말미암아 중국에 도움을 요청한다면 어떠한 일들이 발생할 것이라 예상하는가?

답변

북한이 중국에 도움을 요청할 확률은 지극히 낮다고 생각한다. 또한 급변사태 발생 시 중국은 북한을 자신의 통제 하에 놓으려 하지도 않을 것이다. 실제로 많은 중국전문가는 중국이 북한 정권에 대해 많은 스트레스와 부담을 느끼고 있다고 말하고 있다. 그리고 과연 어떠한 상황에서 북한이 중국의 개입을 원하겠는가? 그러한 행위는 북한의 엘리트들이 자신들의 권력을 스스로 포기한다는 것과 다르지 않다. 정작 중요한 것은 남한이 중국에 확실한 통일 계획과 의지를 보여주는 것이다. 그렇게 한다면 남북통일에 대한 중국의 입장은 더 긍정적으로 변할 것이다.

2. 남북관계에서 통일에 장애가 되는 요인은 무엇인가?

질문 1

발표자는 북한의 갑작스러운 붕괴라는 급변사태를 전제로 언급하고 있는데, 추측하건대 아마도 그 상황에서 남한의 대응 준비는 완벽하지 않을 것이다. 또한 발표자는 갑작스러운 북한의 붕괴 상황에서 중국은 이미 통일을 지원할 준비가 되어 있을 것이라 말했다. 그렇다면 남한이 할 수 있는 일은 그저 북한에서 급변사태가 일어나기를 바라면서 기다리고 대응할 준비를 하는 것뿐이라는 것인가?

질문 2

발표자는 중국이 남한의 일방적 군사 개입이 없다면 북한 문제에 개입할 용의가 없다고 밝혔다. 만약 급변사태가 일어나면 북한 내부에서는 정권을 잡기 위한 파벌 간의 권력투쟁이 일어날 것이다. 발표자의 논리를 따른다면, 남한은 그저 북한의 혼란이 가라앉고 상황이 진정될 때까지 기다리고 지켜보기만 해야 한다. 또한 발표자는 남북한이 엄연히 독립적인 두 개의 국가이므로 북한 문제가 남북 간 문제가 아닌 국제 문제로 다루어져야 한다고 말했다. 그렇다면 남한은 북한 문제에 개입할 아무런 권한이 없다는 말인가?

답변

그렇다고 생각한다. 그 이유는 남북한 모두 UN 회원국으로 가입된 개별 주권국가이기 때문이다. 내 주장의 요점은 장차 북한에 급변사태가 발생했을 때 남한 주도 하에 북한에 대한 개입이 이뤄져야 하지만, 국제적 차원의 협력적 개입이 아닌 남한만의 일방적 개입은 바람직하지도 가능하지도 않다는 것이다. 개인적으로 친분이 있는 한국인 교수와 남북 문제에 관해 얘기를 나눈 적이 있다. 그때 나는 남북 간 분쟁을 내전(civil war)으로 정의했지만, 그는 남북 문제는 이제 국가 간 분쟁으로 여겨야 한다고 정정해 주었다. 같은 한민족이라는 사실을 근거로 북한 문제에 대응할 남한 고유의 권리나 영향력을 부정한다는 이야기는 아니다. 그러나 합법적 절차와 국제법적 관점에서 볼 때, 단순히 민족적 이유에서 비롯한 남한의 일방적 개입은 엄연한 불법임을 강조하고 싶다.

3. 미국이 남한을 배제한 채 중국과 타협할 가능성은 없는가?

질문

발표자가 밝힌 것과 같이 김정일의 죽음은 북한의 붕괴와 남북통일을 앞당길 것이며, 이 경우 북한의 붕괴는 몇 개월 안에 일어날 수도 있다. 만약 북한의 붕괴를 초래할 급변사태가 발생한다면 남한은 그에 충분히 대비할 시간을 갖지 못할 것이다. 남한의 준비가 덜 되어 있는 경우, 남한을 배제한 채 중국과 미국 두 강대국 간의 거래에 따라 북한의 미래가 결정될 수 있다고 생각한다. 발표자는 중국과 미국의 이러한 협상 가능성에 대해 어떻게 생각하는가?

답변

미국과 중국의 결탁 가능성은 물론 언제나 존재하며 통일 한국이 강대국 간의 경쟁과 압력 속에서 십자포화를 맞을 가능성도 배제할 수 없다. 그러나 오늘날 세계화와 정보통신의 발달이 권력 지형을 재구성해 세계 정치 흐름의 양상을 바꿔 놓았기 때문에 미국과 중국 사이에 이해의 충돌이 반드시 생기리라고는 생각하지 않는다. 나는 '모든 정치는 지역적이다(all politics are local)'라고 생각하며, 중국과 미국의 관계는 단 한 번도 남한과 미국처럼 가까웠던 적이 없다. 나는 미국과 중국이 남북한 문제로 최후의 결전을 벌이게 될 것으로 생각하지 않으며 강대국 간 경쟁이라는 유령이 한반도를 영원히 위협할 것으로 생각하지도 않는다. 또한 중국이 한반도를 점령하려 한다는 걱정은 기우에 불과하다. 통일 한국이 아무리 큰 국가로 성장한다 해도 중국은 그보다 더 거대한 국가이다. 이처럼 막대한 힘의 차이가 있기에, 통일 한국이 중국을 위협할 가능성보다는 중국에 좋은 영향을 끼칠 확률이 더 크다고 생각한다.

질문

발표자는 통일 한국이 미국과 긴밀한 동맹관계를 유지한다면 중국은 이를 우려할 것이라고 언급했다. 이와 반대로 통일 한국이 미국의 보호(U.S. Umbrella)에서 벗어난다면 중국은 어떻게 반응할 것인가? 두 번째 질문은, 발표자는 남북한 간의 협력이 통일을 위한 필수 요소라고 이야기했는데, 북한에서 급변사태가 발생했을 때 북한 측을 대표할 수 있는 정통성을 갖춘 정치세력이 존재하지 않을 수 있기 때문에 이러한 협력은 실제로는 불가능할 수도 있다. 그러한 경우에는 어떻게 해야 할 것인가?

답변

남북 간 그리고 한중 간의 합의와 신뢰 구축이 평화 통일을 성취하기 위한 과정에서 중요한 열쇠가 될 것이다. 만약 통일 한국이 미국의 영향력에서 벗어날 수 있다면 중국은 더욱더 환영할 것이다. 중국은 미국에 전적으로 의지하는 통일 한국을 바라지 않는다. 물론 남한으로서는 힘든 선택이 되겠지만 안보 측면에서는 미국에 의존하고 경제 측면에서는 중국에 기대는 현재 남한의 상황에서, 중요한 것은 현명한 정책적 선택을 하는 것이다. 만약 내가 한국인이라면 나는 미국과의 동맹을 단절하고, 부상하고 있는 중국과 새로운 협력자 관계를 맺을 것을 권고할 것이다.

4. 중국은 대북한 영향력을 키우려 하는가?

질문

발표자는 중국이 남북통일에 대해 공식 견해를 밝히는 것이 곧 중국이 북한과의 교류를 단절한다는 의미로 받아들여질 우려가 있기 때문에 그러한 발언은 불가능하다고 했다. 그러나 발표자는 중국의 학자로서 지금 북한의 붕괴 가능성과 통일에 대해 발언을 하고 있다. 이것을 중국의 새로운 변화로 받아들여도 되는가?

답변

남북통일의 전망에 대한 내 개인적인 견해를 밝혔을 뿐이다. 나는 이 문제에 대해 거리낌 없이 얘기하는 것일 뿐이며 내 의견이 중국 사회 내의 일반적 의견은 아니다.

질문 1

발표 내용과는 큰 관련이 없을지도 모르지만 나는 6자회담에 대해 질문하고 싶다. 중국은 북한이 국제 사회가 국가안보를 보장해 주면 스스로 핵무기를 폐기할 것이라 믿는 것 같다. 발표자는 북한이 정말 그렇게 할 수 있다고 생각하는가? 미국 관료 중 한 명이 "6자회담은 절대로 믿을 것이 못 된다"라고 발언한 적이 있다. 이 부분에 대한 중국의 솔직한 속내를 들어보고 싶다.

질문 2

발표자가 이야기한 남북통일에 대한 전망은 기존 중국의 입장과는 상반되는 것으로 보이는데, 이러한 점에서 인상적이었다. 거대해진 통일 한국과 미국 간의 협력관계가 지속된다면 중국은 긴장할 수밖에 없을 것이다. 그렇다면 어떤 상황에서 중국 정부가 평화적인 남북통일을 지지할 것인지 다시 한 번 묻고 싶다. 두 번째 질문은 중국이 자신의 군사력을 이용하여 북한을 완충 지역(buffer zone)으로 유지하기를 원할 것인가와 관련이 있다. 북한에서 도움을 요청하면 중국이 군사적 개입을 시도하는 것이 가능할 수 있지 않겠는가? 한국으로서는 그러한 상황을 통제하기가 어려울 것이다.

답변

그에 대한 나의 답변은 명확하다. 통일 문제는 전적으로 남북한 간의 문제이다. 어떠한 형태의 통일을 원하든, 남한이 어떠한 희생을 치르든 간에 모두 남북한 간의 문제인 것이다. 전통적으로 중국의 학자들이 느끼기에 통일 문제에 대한 남한의 메시지나 입장은 모호하고 때로는 모순되기까지 했다. 예를 들어 중국은 결코 타이완 문제를 국제적인 문제로 치부하지 않는다. 그러나 남북한 문제는 법적·사회적으로 국가 간 분쟁, 즉 국제적 문제로 규정되고 있다. 둘째로, 남북통일 과정에서 예견되는 남한의 경제적 손실(통일 비용)로 인해 남한 사람들이 통일에 대해 주저하고 망설이는 태도를 보이고 있다는 점은 중국 사람들에게 큰 충격이었다. 셋째로, 남한의 젊은 세대들의 민족 정체성 결여와 북한에 대한 배타적 인식 등은 이미 널리 알려졌다. 예를 들어, 한 설문조사에서 응답자의 절반에 달하는 젊은 남한 청년들이 북한을 남한과는 다른 외국으로 여긴다고 답했다. 이러한 요인들이 나로 하여금 남한은 북한과의 통일을 원하지 않으며 그저 현 상황을 유지하려 한다는 결론에 도달하게 했다.

한 명의 학자로서 나는 남북통일에 대해 긍정적으로 전망하고 있다. 이미 언급한 바와 같이 남한은 통일을 위해 정신적으로, 경제적으로, 군사적으로 그리고 정치적으로 준비해야 한다. 북한의 군사적 위협은 최근 천안함 사태를 통해서도 명확하게 드러나고 있다. 통일은 중국이 주도해서는 안 되며, 남북한 양 당사자가 계획하고 실행해야 한다. 나는 중국이 남북통일 문제에 개입해 어떤 이득을 챙길 수 있을 것으로 생각하지 않는다. 그러나 정당한 이유 없이 북한을 향해 일방적 군사 개입을 실행한다면 중국의 큰 반발을 부를 것이고 재앙을 초래할 것이다.

두 번째 질문에 대한 내 답변은, 만약 중국의 힘이나 도움이 필요하다면 중국은 일방적 개입이 아니라 국제적 동조와 권한의 위탁 하에서만 북한에 진입하게 될 것이다. 예를 들어 UN 안전보장이사회에서 다국적 군사 개입을 인가하는 결의안을 통과시키거나 혹은 남한이 중국의 개입을 요청할 때(사실상 그럴 경우는 없을 것이지만) 중국은 국제사회의 일원으로서 북한 문제에 개입할 것이다. 북한은 중국이 개입하도록 강요할 수 없을 것이다. 오늘날의 아프가니스탄을 보라. 중국은 그러한 분쟁에 휘말려 발목 잡히기를 원하지 않는다. 정당한 이유 없이 남한이 북한을 공격하지 않는 이상, 중국은 남북 문제에 개입하지 않으리라고 나는 확신한다. 단지 하나의 예외적 상황이 있을 수는 있다. 북한 난민들이 중국으로 대거 유입될 경우, 아마도 중국은 피난 행렬을 통제하고자 일종의 완충 지대를 설정하기 위해 개입할 수 있다. 결론적으로 다시 한 번 강조하건대, 통일은 남북 간의 문제이다. 통일을 위한 남한의 준비가 얼마나 되어 있는지, 정확히 어떤 형태의 통일을 원하고 어느 정도의 비용이 들 것인지, 또한 이를 남한이 감당할 수 있는지에 대한 명확한 메시지만 중국에 전달된다면 중국은 남북통일에 대해 더욱 긍정적인 입장을 취하게 될 것이다.

질문

발표자가 언급한 바로는 마치 중국이 남한과 북한을 아주 공평하게 대했던 것처럼 보일 수 있다. 그러나 1945년에 중국은 남북 문제에 개입한 바 있으며, 현재 많은 양의 식량과 에너지 자원을 북한에 지원하고 있다. 김정일이 얼마 전 중국을 방문했을 때에도 후진타오는 중국과 북한이 상호 간 협력할 필요가 있음을 언급했다. 후진타오의 발언이 남한을 향한 중국의 메시지였다면 이는 중국이 북한 문제에 개입하기를 원한다는 것으로 이해할 수 있지 않은가?

답변

모두 아는 바와 같이 중국은 거대한 자본을 보유하고 있고, 따라서 북한 핵 문제를 해결하는 것은 중국에게는 그리 어려운 일이 아닐 것이며, 북한을 더 부유하고 강하게 만들려고 했다면 그 또한 충분히 가능했을 것이다. 그러나 중국은 그렇게 하지 않았다. 중국의 정치는 항상 명확한 목적 하에 수행된다. 만약 북한에 급변사태가 발생한다 해도 중국은 일방적으로 개입하지는 않을 것이다.

미국의 관점에서 본
한반도 통일 문제

빅터 차(Victor Cha)

2010.9.8 (수), 17:00–21:00 | 롯데호텔 벨뷰룸

그동안 금기시되어왔던 남북통일이란 주제에 대한 논의가 요즘 들어 부쩍 활발해지고 있다. 이러한 변화의 요인은 무엇일까? 근래 들어 남북통일에 대한 논의가 급증하게 된 것은 북한을 둘러싼 세 가지 변화에서 그 원인을 찾을 수 있다. 첫째, 김정일의 건강 악화로 김정은의 권력승계 기반이 매우 위태로워졌다. 둘째, 그동안 북미 간의 오랜 교섭에도 불구하고 북한의 비핵화를 이루어내지 못했다. 이러한 현실의 틈바구니에서 한반도의 비핵화를 실현하기 위한 확실한 방법은 오직 '통일'뿐이라는 인식이 널리 확산되고 있다. 셋째, 날이 갈수록 악화되고 있는 북한의 경제난과 식량 부족 문제 등은 북한 정권의 체제 안정에 큰 위협을 주고 있다.

통일을 통해 한반도 문제를 해결할 수 있다는 것에 회의를 품는 사람들은 여전히 많다. 그러나 우리는 지금 통일 담론의 마지막 단계에 와 있으며, 이는 한국의 지난 60여 년간의 통일 논의 역사의 연장선상에 놓여 있다. 그 통일 담론의 첫 단계는 냉전 시기에 주류를 차지했던 무력통일에 대한 논의였다. 냉전이 끝나고 남한의 북방정책(nordpolitik)이 성공한 이후, 흡수통일에 대한 염원이 생겨났다. 남북 간의 경제적 격차가 뚜렷해지기 시작했고 남한은 독일의 통일 사례처럼 상대적으로 왜소한 북한을 흡수할 수 있다는 자신감을 갖게 되었다.

그러나 '트리클 다운 이론(trickle down theory)'의 효과가 나타났다. 즉 독일이 통일 초기의 도취 상태에서 깨어난 것을 목격한 한국은 두 국가가 정치적, 경제적, 사회적으로 통합하는 길이 매우 복잡하고 험난하다는 것을 깨닫게 되었다. 남한은 남북한 간의 격차가 독일 통일의 전례보다 더 크기 때문에 통일 과정의 어려움이 가중되리라는 점을 인식하게 되었다. 또한, 남한은 1997~1998년에 심각한 유동성 위기를 겪었다. 통일이 지나치게 비용이 많이 들고 위험하며 불확실한 것으로 인식되면서 통일에 대한 시각은 부정적으로 바뀌게 되었다. 그러나 남한은 통일을 좀 더 먼 미래의 문제로 미뤄두었을 뿐 완전히 포기하지는 않았다. 북한과 좋은 관계를 유지하면서 북한체제의 개혁과 경제의 '연착륙'을 유도하는 햇볕정책을 가장 현명한 방안으로 여긴 것이다.

우리는 통일담론의 마지막 단계에 있으며 이는 과거와 다른 몇 가지 특징을 갖고 있다. 첫째, 새롭게 대두하고 있는 통일 논의는 이념보다는 '실용주의'에 기반을 두고 있다. 둘째, 과거 북진통일론으로 회귀하는 것이 아닌 본질적으로 '국제적이고' 투명하며 개방적인 논의에 기반을 두고 있다. 셋째, 힘의 논리보다는 '사상'에 기반을 두고 있다. 현재의 통일 담론은 통일의 기반이 무력이 아닌 성공적인 체제와 사상의 힘에 근거한다고 보고 있다. 마지막으로, 현재의 통일 담론은 통일을 위협적인 두려움의 대상이 아니라 새로운 '기회'로 여기고 있다. 통일이 적절하게 준비되는 과정에서 핵무기, 미사일 위협 등의 문제가 해결된다면, 통일은 아시아의 모든 국가에 굉장히 긍정적인 성과물을 안겨줄 기회의 역할을 할 것이다. 통일에 대한 관념은 긍정적이고 적극적인 통일 인식으로 변화하고 있다. 그러나 무엇보다 중요한 것은 기회가 생길 때 이를 확실히 잡을 수 있어야만 통일을 이룰 수 있다는 것이다.

통일을 성취하는 과정에 많은 어려움이 있을 수 있다는 것은 누구나 짐작하고 있다. 그러나 남한이 직면할 과제들을 해결하기 위해 미국을 포함한 남한의 동맹국들은 기꺼이 도움의 손길을 내밀어 줄 것이다. 성공적인 통일을 위해서는 운과 적절한 기회가 따라줘야 하겠지만, 준비되지 않은 자에게 결코 기회는 오지 않을 것이다. 이명박 정부가 통일세를 언급한 것은 남한이 통일을 대비하는 데 경제적으로 도 충분히 준비하고 있다는 것을 잘 보여준다.

국제전문가이자 전(前) 미 국무부 장관인 콜린 파월은 지난 2010년 5월 13일 신라호텔 연회장에 모인 800명의 회중 앞에서 한국의 분단을 역사적으로 이례적인 비정상적 일탈이라고 규정하였다. 전 세계적으로 존경과 찬사를 받는 정치인인 그는 자신이 살아 있는 동안 통일이 이루어질 수 있을 것이라 믿는다고 밝혔다. 또한 한국의 역사를 돌이켜 봤을 때 통일이라는 대업을 이루기 위해 한국이 겪어야 할 진통은 충분히 견딜 만한 것이라고 말하였다. 그의 발표에는 남북한을 사랑하는 진실한 마음이 담겨 있었으며, 그는 그가 속한 뉴욕시립대학교 시티칼리지(CCNY)의 콜린파월센터가 한국 통일에 어느 정도 이바지하기를 희망한다고 언급하였다. 이러한 예는 아시아에서 열리는 국제회의는 물론 세계 곳곳에서 개최되는 회의에서도 '한국 통일'이라는 주제가 더는 금기시되고 있지 않다는 것을 보여준다.

이런 변화를 가져온 요인은 무엇일까? 미국과 다른 국가들이 북한 정부의 붕괴를 갈망하고 있기 때문은 분명 아니다. 오히려 오바마 정부는 이전 행정부의 신보수주의자들에게서 감지된 북한 정권 붕괴 의도를 몰아냈다. 물론 비핵화를 끊임없이 요구하면서 경제 제재를 가하거나, 군사훈련으로 위협하고, 6자회담을 통해 압력을 가하는 등 현 미국 정부의 대북정책이 과거 부시 정부의 정책과 크게 달라 보이지는 않는다. 그러나 오바마 정부의 대북 정책은 기본적으로 대화를 중시하는 것이며, 때가 되면 평양에 가하는 압박을 완화하려 한다. 결국, 근래 들어 한반도 통일에 대한 논의가 급증하게 된 가장 큰 원인은 미국과 한국의 영향보다는 북한의 변화에서 찾을 수 있다. 첫 번째 원인은 김정일의 건강에 문제가 생긴 것이다. 2008년 8월에 발병한 뇌졸중에 의한 합병증은 그가 1994년 김일성에게서 권력을 승계할 수 있었던 때와는 달리 김정은의 권력 승계 기반을 위태롭게 만들고 있다.

두 번째 원인은 20여 년에 걸친 미국과 북한의 교섭에도 불구하고 북한의 비핵화를 이루어내지 못한 현실에 대한 반성에서 찾을 수 있다. 과거 교착상태에서 벗어나지 못하고 있던 미국과 북한의 관계에 대해 많은 사람들은 평양뿐만 아니라 미국 정부에도 일면 책임이 있다고 비난하였다. 그러나 2009년 4월에 벌어진 북한의 탄도미사일 실험과 연이은 핵실험 때문에 오바마 정부가 대북 햇볕정책 기조와 등진 이후로는 소수만이 미국을 비난할 뿐이다. 다시 말해, 한반도의 비핵화를 실현 가능케 하는 확실한 방법은 오직 '통일'뿐이라는 인식이 현재 널리 확산하고 있다. 이 글은 현재의 대북정책을 비판하기 위한 글이 아니라 단지 미국이 북한에 대해 완전한 비핵화에 초점을 맞추는 과격한 외교정책을 계속 구사한다면 현재의 위기상황을 더 악화시킬 수 있다는 인식 하에 쓴 것이다.

세 번째 이유는 악화하고 있는 북한의 경제난과 식량 부족 문제가 북한 정부의 안정에 큰 위협을 주고 있다는 사실이다. 화폐개혁에 실패한 북한은 남한의 식량과 비료 원조가 필요함에도 이를 선뜻 받을 수 없는 처지인 데다가 국제사회에 반성의 모습을 비치기보다 국가의 자긍심을 유지하기 위하여 여전히 호전적이고 독단적인 성향을 보여주고 있다. 아마도 북한이 이렇게 행동하는 이유는 개혁이 진행되면 그들이 큰 곤경에 처할 것을 잘 알기 때문일 것이다. 몇 년 전 내가 <*Foreign Affairs*>에 쓴 바와 같이 김정일은 근본적인 개혁 딜레마에 빠져 있다. 즉 북한이 살아남기 위해서 개방은 필요하나 개방의 과정에서 김정일 정권의 정치적 통제력은 붕괴할 것이다. 어떠한 방안을 택하건 간에 북한은 현재 벼랑 끝으로 내몰릴 수밖에 없는 상황이다.

현재 통일에 대한 관심이 급증하고 있는 것은 위의 이유에서 찾을 수 있다. 만약 이런 시각이 너무 부정적으로 여겨진다면 다음과 같은 시나리오를 살펴볼 필요가 있다.

○ 발전 지향적인 리더십 하의 북한은 스스로 핵무기와 탄도미사일, 그리고 화학무기를 포기할 것이며, 그 대가로 아시아와 세계 경제 네트워크에 합류할 것이다.

○ 북한은 미국, 일본, 러시아, 남한, 중국에게서 60억 달러 가치의 원자력 경수로 시설을 지원받을 것이다.

○ 워싱턴과 도쿄는 평양에 대사를 파견하여 북한과 정상적인 외교관계를 수립할 것이다.

○ 서울은 비무장지대를 넘어 북한에 전력을 공급할 것이다.

○ 러시아는 북한을 통과하는 가스 파이프를 설치하여 일본과 남한에 천연가스를 수출할 것이다.

○ 4개국 모두는 한국전쟁 종결에 합의하는 평화협정에 동의할 것이다.

○ 일본은 국제 금융기관과 함께 북한의 주요 공공사업에 100억 달러를 지원할 것이다.

오늘날, 통일 없이 이런 시나리오가 가능하다고 누가 생각하겠는가?

통일 담론의 마지막 단계

우리는 이제 통일 논의의 마지막 시기에 도달했다. 현재 진행되고 있는 통일 논의는 지난 60여 년간 이루어진 통일 논의 역사의 연장 선상에서 마지막 단계로서 아마도 한국판 '역사의 종말'이 될 것이다. 역사적 맥락에서 통일 논의의 첫 주제는 냉전 시기에 주류를 차지했던 북진통일, 선공통일과 같은 무력통일에 대한 논의였다. 이는 통일은 오직 한 국가가 다른 국가를 제압함으로써 이루어진다는 고전적이고 공격적인 현실주의에 기반을 둔 제로섬의 시각에서 통일 문제를 인식한 것이었다. 남북한은 상호 간에 국력 경쟁 상태에 놓여 있었으며, 남북 간 대화의 속성은 컬럼비아대학 교수였던 새뮤얼 킴이 언급한 것처럼, '경쟁적으로 권위를 실추시키는 정치행위(Politics of competitive delegitimation)'가 지배적이었다.

그 후 통일에 관한 논의는 흡수통일에 대한 염원으로 이어졌다. 이러한 통일 방식에 대한 염원은 냉전 종식과 함께 소련(1990) 및 중국(1992)과 관계정상화를 이루어낸 남한의 북방정책의 성과와 궤를 같이하였다. 또한 남북한 간의 경제적 격차가 뚜렷해지면서, 필요하다면 북한을 충분히 흡수통일할 수도 있다는 남한의 자신감은 더욱 커졌고, 독일식 흡수통일과 같은 방식의 통일에 대한 열망은 한층 뜨거워졌다.

통일 논의의 세 번째 국면은 두 가지 사건으로 말미암아 시작되었다. 첫째 요인으로는 "독일의 트리클 다운 이론(Germany trickle-down)"의 효과를 꼽을 수 있다. 독일이 통일 초기의 도취 상태에서 깨어난 이후에 한국은 두 국가가 경제적, 정치적, 사회적으로 통합하는 길이 매우 복잡하고 험난하다는 것을 깨닫게 되었다. 남한은 남북한 간의 사회·경제적 차이가 독일 통일의 전례보다 더 크기 때문에 통일 과정의 어려움이 더욱 가중될 것이란 것을 인식하기 시작했다. 둘째로 한국은 1997~1998년에 심각한 유동성 위기를 겪었다. 이러한 경제 위기는 통일을 바라보는 시야의 폭을 제한하였고, 통일이 지나치게 비용이 많이 들고 위험하며 불확실한 것으로 비치면서 통일에 대한 시각은 부정적으로 바뀌었다.

그러나 남한은 통일을 좀더 먼 미래의 문제로 미뤄 두었을 뿐 완전히 포기하지는 않았다. 통일에 대한 이러한 시각을 잘 보여주는 것이 바로 '햇볕정책'이다. 통일 비용이 너무 비싸고 통일로 가는 길이 험난하다고 판단하였기 때문에, 북한과 좋은 관계를 유지하면서 북한체제의 개혁과 경제의 '연착륙'을 유도하는 것을 가장 현명한 방안으로 여기게 되었다.

새 패러다임은 무엇인가?

통일 담론의 종착점은 어디가 될 것인가? 확신할 수는 없지만, 몇 가지 살펴볼 요인들이 있다. 첫째, 새롭게 대두되는 통일 논의는 이념보다는 '실용주의'에 기반을 두고 있다. 앞서 언급한 바와 같이 통일에 관한 논의는 북한정권이 붕괴하였으면 하는 바람이 아니라 북한의 리더십이 잠재적으로 불안정하다는 실용적인 우려에 기반을 둔 것이다. 또한 북한의 핵 문제와 테러 문제, 그리고 재래식 무기의 위협 등과 같은 목전의 위협을 해결할 유일한 해결책은 통일이 될 수밖에 없다는 합리적 인식에도 기인한다.

둘째, 현재의 통일 담론은 과거 북진통일론으로의 회귀가 아니라 본질적으로 국제주의적이며 투명하고 개방적인 성질을 띠고 있다. 사실 통일에 대한 한국의 기존 입장은 다소 편협한 지역주의적 색채를 띠었다. 한국의 중대한 운명을 결정하는 문제에 다른 국가들의 부당한 간섭을 받게 될 것을 우려한 한국인들은 제3자들과 통일 문제를 논의하는 것을 결코 원하지 않았다. 그러나 이 새로운 담론은 비록 통일은 한국을 위한 일이지만 통일의 성공적인 이행을 위해서는 한국이 국제사회가 주는 도움이 필요할 것이라는 실용적 입장을 내세우고 있다. 이것이 오늘날의 통일 논의가 과거와 같은 "네 일이나 신경 써라(Mind-your-own-business)."라는 배타적 태도에서 벗어나 개방적이고 투명한 성격을 지니게 된 이유이다. 남한의 지도자들은 남북통일이 이루어지면 UN 안전보장이사회와 EU를 비롯해 다른 많은 국제사회 회원국들의 도움을 받기를 원하고 있기에 통일에 대한 국제적 논의를 시작하고 있다. 이러한 남한의 입장 변화는 남한의 통일 의지를 전 세계에 분명히 보여주고 있다.

통일 담론에 대한 이러한 일련의 사회화 과정은 20~30대의 남한 세대들에게도 일어나고 있다. 햇볕정책을 목격하며 자란 젊고 영리하고 부유한 남한의 젊은 세대들은 통일은 이루기 어렵다는 부정적 인식을 갖고 있다. 그러나 햇볕정책 아래서 침잠했던 통일 인식과는 달리 현재 남한 사회는 젊은 계층에게 통일에 대해 적극적으로 얘기하고 함께 준비하기를 요구하는 분위기로 변화하고 있다.

셋째, 현재의 통일 담론은 힘의 논리보다는 '사상'에 기반을 두고 있다. 즉 과거 북진통일론은 무력에 의한 통일을 주장하는 사상이었기 때문에 상대적 힘의 논리에 관한 것이었다. 그러나 현재의 통일 담론은 통일을 가능하게 만드는 것이 군사력과 같은 무력이 아닌 성공적인 체제와 사상의 힘이라 말하고 있다. 그리고 이러한 체제와 사상은 바로 자유와 민주주의, 개인이 누릴 수 있는 기회, 그리고 인간의 존엄성 등과 같은 관념에 기반을 두고 있다. 이와 같은 관념들이 한 번 사회에 침투하면 게임은 근본적으로 끝난 것이나 다름없다.

마지막으로, 새 통일 담론은 통일을 위협이 아닌 새로운 '기회'로 여기고 있다. 막대한 비용이 따르는 위험한 것으로 통일을 인식하였던 기존 통일 논의의 입장에서 보면 통일은 한반도와 그곳에 사는 개개인의 삶에 크나큰 위협이었다. 그러나 현재의 담론은 통일이 한반도뿐만 아니라 더 나아가 세계적으로도 새로운 가능성의 장을 여는 데 이바지하게 될 것임을 강조하고 있다. 적절하게 준비만 잘 한다면, 그래서 냉전적인 위협을 비롯하여 핵무기와 미사일 위협 등의 문제가 해결된다면, 통일은 아시아의 모든 국가에 엄청나게 긍정적인 성과물을 안겨주게 될 것이다. 사전에 통일을 위한 준비가 철저하게 이루어진다면 통일의 과정에서 쓰인 비용보다 훨씬 더 큰 이익을 돌려받게 될 것이다. 이것은 기존의 방어적이고 부정적인 관념이 아닌 긍정적이고 적극적인 통일 인식이라 볼 수 있다. 콜린 파월 전 국무부 장관이 말한 바와 같이 "내가 살아 있는 동안" 통일은 가능할 것으로 보이며, 언제까지나 나중으로 미룰 것이 아니라 기회가 생겼을 때 확실히 잡아야만 이뤄질 것이다.

"내가 살아 있는 동안"

앞서 언급한 마지막 통일 담론은 그저 통일이 쉽게 이루어질 수 있다는 순진한 발상에 근거한 것이 아니다. 통일을 성취하는 과정에는 큰 어려움이 있다는 것을 모두 알고 있다. 통일은 햇볕정책의 소망처럼 천천히 단계적으로 이뤄지지는 않을 것이고, 결국 북한의 급변사태 때문에 남한은 큰 도전에 직면하게 될 것이다. 그러나 이 경우 남북통일 과정에서 미국을 포함한 남한의 동맹국들은 기꺼이 많은 도움을 줄 것이다. 또한 중요한 것은 운과 적절한 기회가 따라야 한다는 점이다. 남한의 역사를 되돌아 봤을 때, 남한은 그리 행운이 많았던 국가는 아니지만 그래도 지금까지 위기를 잘 이겨냈다. 그러나 누군가 말했듯이 준비되지 않은 자에게 기회는 다가오지 않는다. 오직 준비된 자만이 기회를 잡을 수 있다.

이러한 관점에서 남한 통일부가 각종 국제회의와 기타 다양한 유형의 노력을 통해 통일에 관한 논의를 국제사회와 남한의 젊은 세대들을 대상으로 활발히 전개하여 통일에 대한 관심을 제고하는 것은 통일을 준비하는 훌륭한 길이라고 높이 평가할 수 있다. 한때 남한이 햇볕정책 하에서 관계 개선을 위해 북한에 내주었던 자본은 이제 남한의 새로운 세대에게 통일 교육을 하는 데, 그리고 국제사회에 남한의 통일 의지를 보여주는 데 사용되고 있다. 이명박 정부의 통일세 언급은 남한이 통일을 정신적으로만 대비하는 것이 아니라, 경제적으로도 준비하고 있다는 것을 잘 보여준다. 워싱턴의 국제전략연구소(CSIS)에서 우리는 북한의 에너지 부문을 어떻게 되살릴 것인가, 보건제도를 어떻게 재활성화할 것인가, 사회보장제도를 어떻게 다룰 것인가, 북한의 교육제도를 어떻게 개혁할 것인가, 그리고 과도기 정의 구현 문제를 어떻게 다뤄야 할 것인가 등과 같이 장기적인 통일 계획에 초점을 맞춘 프로젝트에 참가하였다. 앞서 언급한 일들은 이 엄청나게 힘겨운 프로젝트 앞에 놓인 과제들의 단편적인 예일 뿐이다.

마지막으로 나는 현재의 통일 담론이 한반도 밖으로도 뻗어 나갈 것이라 믿는다. 많은 국가가 한반도 문제를 해결할 방법은 오직 남북통일뿐이라는 사실에 동의하고 있으며, 그 수도 점차 증가하고 있다. 예를 들어, 그간 남북통일에 오랫동안 회의적인 모습을 보여온 일본은 핵 문제와 자국을 겨냥하고 있는 북한의 탄도미사일로 인한 현상유지 비용이 더는 받아들일 수 없을 정도라고 보고 있다. 사실 일본 관료들은 남한과 미국에 만일의 사태에 대비해 더 진지한 논의를 해야 한다고 강력히 촉구해왔으며, 일본에 대한 남한의 민감한 감정을 생각해 이러한 논의에 참여하겠다는 요청도 하지 않았다. 북한을 지지해온 러시아 또한 그들이 오래 전에 개발에 도움을 주었던 핵 기술이 현재 자신들의 통제 하에서 벗어났음을 갈수록 더 우려하고 있다. 미국은 이명박 대통령과 발표한 공식성명을 통해 미국이 자유롭고 평화로운 한반도를 갈망하고 있다는 것을 새삼 언급하기까지 하였다.

이러한 움직임에 동참하지 않는 국가가 있다면 그것은 중국일 것이다. 한반도에 큰 관심을 두고 있는 중국 정부는 북한의 두 차례에 걸친 핵실험에 대해 내부적으로 열띤 논쟁을 벌였음에도 한반도 급변사태의 대처 방안에 관해서는 그 누구와도 활발한 대화를 하려고

하지 않는다. 북한 어뢰로 인한 천안함 침몰 사건을 보더라도 중국은 아시아의 리더로서 바람직한 역할을 하지 못하였다. 동아시아 해역에서 자유로운 항해를 위협할 수 있는 행위를 북한이 하지 못하도록 억제하는 것이야말로 오로지 중국만이 제공할 수 있는 공공재이며, 만약 중국이 행동에 나섰더라면 지역 내 국가들에게서 굉장한 찬사와 경의를 받을 수 있었을 것이다. 그러나 불행하게도 지금까지 중국은 한반도에 관한 시대착오적 발상에 집착해왔다. 만약 미국과 남한, 그리고 중국 간에 활발한 대화가 전개된다면 중국 정부는 통일 한국을 더 이상 동아시아 지역에 지정학적 위협을 가져오는 존재로 여기지 않게 되리라 믿는다.

토론

본 토론은 사회자 최진욱(통일연구원)의 주재로 진행되었으며, 발제자 빅터 차(Victor Cha)와 권구훈(Goldman Sachs), 김병로(서울대 통일평화연구소), 김영호(국방대), 김진하(통일연구원), 김형국(숙명여대), 김호섭(중앙대), 배정호(통일연구원), 신석호(동아일보), 안용현(조선일보), 유현석(경희대), 유호열(고려대), 이기현(통일연구원), 이상현(세종연구소), 이영종(중앙일보), 이유진(숙명여대), 전병곤(통일연구원), 정재호(서울대), 최종문(외교통상부), 최철주(중앙일보), 한용섭(국방대), 현성일(국가안보전략연구소), 홍용표(한양대), 홍우택(통일연구원), 앤드류 새먼(Andrew Salmon, CNN), 최상훈(New York Times), 두알리 자이카오타오(Doualy Xaykaothao, NPR), 마크 토콜라(Mark Tokola, 미국대사관), 에반 램스태드(Evan Ramstad, Wall Street Journal), 존 서드워스(John Sudworth, BBC), 레이 서드웍스(Ray R. Sudweeks, 미국대사관), 스테판 소콜로프(Stepan A. Sokolov, 러시아대사관), 마키노요 시히로(아사히 신문), 미즈코시히데아키(일본대사관) 등이 토론에 참여하였다. 통일연구원의 송문희, 메레디스 쇼(Meredith Shaw), 서은성, 송은아, 김지용 스태프가 본 토론의 회의 보조와 녹취를 도와주었다.

1. 북한의 경제적, 사회적, 그리고 정치적 실태는 어떠하며 그들의 정책은 어디로 향하고 있는가?

질문

북한 고위층의 처지에서 본다면 시간이 매우 촉박하게 흘러가고 있다. 자신에게 남은 시간이 별로 없음을 느끼고 있는 김정일은 어떻게 해서든지 짧은 시간 안에 권력을 승계해야 한다는 것을 자각하고 있다. 김정일의 셋째 아들 김정은을 새롭게 권력의 전면에 부각해 권력 강화를 시도 중인 북한은 6자회담을 재개하기 위한 전제 조건으로서 권력 승계를 지원해 달라고 요구하고 있다. 북한은 앞으로도 몇 년간은 현 상태를 유지하려는 것처럼 보인다. 그렇다면 과연 통일이 빠른 시일 내에 이루어질 수 있는지가 의문이다.

답변

미국 정부와 북한 간의 협상을 살펴보면 중요한 문제점 하나를 발견할 수 있다. 협상 시에 미국 대표자들은 수년간 계속 교체됐지만, 북한의 정부 고위층은 변하지 않았다는 사실이다. 북한의 다음 세대가 무슨 생각을 하고 있는지는 알 수 없다. 매우 젊고 외국에서 공부한 적이 있는 김정은이 이전 세대의 엘리트들보다는 세상에 대해 열린 시각을 가지고 있지 않을까라는 점에서 일말의 기대도 있는 것이 사실이다. 그러나 문제는 그를 둘러싸고 있는 지배 엘리트층이다. 김정은을 둘러싸고 있는 보수적인 지배 엘리트들 탓에 권력 승계 작업이 마무리된 이후의 북한은 오히려 고립 강화를 자초하는 길을 선택할 수도 있다. 즉 김정은 본인은 개방적인 인물이라 할지라도 그를 둘러싼 환경 때문에 오히려 이전보다 더욱 고립될 수 있다는 것이다.

질문

콜린 파월 전 미 국무장관이 한국인들의 통일 능력에 대해 긍정적인 생각을 하고 있다고 언급한 부분에 대해서는 동의한다. 그러나 군사 부문이 여전히 큰 우려로 남아 있다. 북한의 연간 예산의 절반 이상이 군사 부문에 책정되는데, 북한의 200만 병력을 어떻게 관리할 것인가? 선례가 될 만한 사례가 있는지 궁금하다.

답변

북한의 군사 부문을 어떻게 해야 할 것인가? 캘리포니아에서 열린 한 회의 당시에 우리는 다양한 문제에 관해서 전문가들에게 보고서 작성을 의뢰했는데, 이 전문가 중 한 사람이 이라크 재건 사업에 관련되어 있었다. 한국의 사례와 이라크 재건의 경로가 같을 수 있겠느냐는 질문이 있을 수 있겠지만, 이라크 재건 사례를 통해 하지 말아야 할 일들에 대한 교훈은 충분히 얻을 수 있다고 생각한다. 예를 들어 즉각적인 군대 해산을 추진할 경우 이라크 사례를 통해 볼 때 그와 같은 선택은 대규모 실업 발생과 급진세력화 등의 부작용으로 이어진다. 군대 해산이 단기적으로는 효과를 볼 수 있을지 모르나 장기적으로는 사법권 집행에 부정적 영향을 미치게 될 것이기 때문에 적당한 재교육 프로그램이 마련되어 있지 않은 이상 좋은 선택은 아니다. 북한의 수많은 고위급 장성들을 재판에 회부하고 그에 따른 판결을 집행하고자 할 수도 있지만, 이는 북한 주민에게 큰 악영향을 줄 수 있기 때문에 실현 가능한 옵션으로 보기는 어렵다. 사실상 어떻게 군사 부문을 다루어야 할 것인가에 대해서는 명확한 대답을 내놓지 못하고 있다.

2. 통일 문제를 국제화하는 것이 바람직한가? 만약 그렇다면 어떤 방법으로 해야 하는가?

질문

남한이 통일에 대해 국제주의적 시각을 지니고 있다고 한 부분에 대해 질문이 있다. 한국이 통일을 이루는 데 국제사회의 참여가 필요하다는 것인가? 당신이 이야기한 것처럼 중국은 이 문제에 연루되고 싶어하지 않지만, 미국은 특히 대량살상무기 문제와 관련하여 관심을 보이고 있다. 우리가 한국전쟁에서 얻은 교훈이 있다면, 만약 미국이 움직이면 중국 또한 움직일 것이란 사실이다. 상황이 이러하다면 최소한 초기 몇 년 동안은 UN 주도 하의 다국적 관리체제가 동원될 수도 있을 것이다.

통일 문제의 국제화에 대한 논의는 일견 그럴듯해 보이는 측면이 있지만 역설적으로 실제적 통일을 방해하는 요소가 될 소지도 다분하다. 만약 북한에서 기존 지배 세력과는 다른 독립적이고 새로운 정치 세력이 부상해 보통 선거를 요구한다면, 우리의 통일 계획은 무산될 위험성도 있다.

답변

통일이 되면 한국은 외부의 물리적 도움이 반드시 필요할 것이므로, 이에 대해 준비를 해야 한다. 한국은 통일 문제에 대해서 외부 세계와 더 많은 논의를 하면서 통일에 관한 비전을 잘 설명해야 할 것이다. 대부분의 나라는 남북통일 문제에 관해 거의 알지 못하므로 한국의 입장과 생각을 상세하게 차근차근 설명해야 한다. 그들이 한국에 동의한다면, 한국이 도움을 요청할 때 필요한 것을 내어줄 것이다. 이것이 다국적 개입을 의미하지는 않지만, UN 안보리의 결의안이 필요하게 될 것이다. CSIS는 통일에 대한 의견 교환을 위해 중국에 미국 대표단을 파견한 적이 있다. 대표단은 북한체제가 붕괴한 이후에 중국이 북한에 단독으로 진입하려는 것을 미국의 존재가 억제하고 있다고 중국이 실제로 생각하는 것을 알고 놀라워했다.

미·중 간의 대화를 살펴보면 양측 모두 북한의 급변사태 발생 시 상대국의 우선 진입 가능성을 우려하면서 경계심을 늦추지 않고 있었고, 따라서 서로의 개입을 억제하고 있었다. 당신은 당신의 동맹국이 북한에 진입하는 것을 통제할 수 있겠는가? 이것은 중국이 남한의 개입을 좋아하느냐 싫어하느냐의 문제이기보다는 위기관리 능력과 모두가 같은 일정에 따라 움직이도록 하는 것에 관한 것이다. 만약에 북한이 붕괴한 이후 정확히 무슨 일이 벌어지고 있는지 불확실한 경우, 대부분의 이해당사자는 연기가 모두 걷힐 때까지 기다리고자 할 것이다. 중국이 가장 경계하는 국가는 남한인데 그들은 남한이 기다리려고 하지 않을까 봐 걱정하고 있다. 남한으로서는 이해하기 어려운 문제이지만 중국은 남한의 움직임에 가장 민감하게 반응하고 있다.

질문

과거 20여 년 전과는 많이 달라진 통일 담론을 들으면서 낙관적인 통일전망을 가질 수 있어 좋았다. 발표자는 그간 진행되어 온 6자회담이 결국 북한의 비핵화를 이끌어내지 못했다는 것에 대한 인식이 퍼지고 있다고 이야기했다. 발표자는 6자회담이 그 본연의 목적을 이룰 수 없을 거라고 말하는 듯하다. 그렇다면 6자회담은 역사적으로 실패한 회담으로 평가되고 기록될 것인가? 미래에 다시 재개될 조짐은 보이지 않는 것인가? 만약 그러한 조짐이 보인다면, 회담의 미래는 어떻게 될 것인가?

답변

6자회담이 실패로 평가될 것이라 여기지는 않는다. 계속해서 유지될지는 모르겠지만 실제로 이루어낸 성과들이 있다. 6자회담은 동북아시아 지역에서는 안보 문제와 관련해 처음으로 강대국들을 참여시킨 모임이었으며, 영변 냉각탑의 폭괴와 같은 분명한 성과도 있었다. 그러나 나는 두 가지 이유에서 회담의 미래에 회의적이다. 2008년 12월에 마지막 6자회담이 열렸다. 그 이후 지금까지 없었다는 점을 고려할 때 앞으로도 다시 열리기는 어려우리라 여겨진다. 중국은 회담을 재개하기 위한 3단계 계획을 세우고 있지만, 그것이 통하리라고 믿는 사람은 거의 없다. 설령 6자회담이 다시 시작된다 하더라도, 문제는 중국이 편을 잘못 선택했다는 점이며, 또한 그런 중국이 의장을 맡고 있다는 것이다. 일반적으로 의장이 중요한 이유는 그가 초안을 작성하기 때문이다. 천안함 사건 이후, 중국이 보인 태도를 보고 국제사회는 중국에 대해서 예전과 같은 기대를 하고 있지 않은 것 같다. 그래서 6자회담이 과거와 같은 수준의 신뢰성을 갖기는 어려울 것이다.

3. 중국은 대북 영향력을 키우려 하는가?

질문

많은 서양인은 중국이 여전히 완충 국가의 유지와 같은 지정학적 정책을 지속하고 있는 데 매우 놀라고 있다. 중국이 이런 관점을 바꾸게 되는 정점은 언제쯤인가? 중국은 완충 국가에 대한 그들의 역사적 애착을 극복할 수 있을 만큼 세계와 경제적, 외교적으로 깊은 관계를 맺을 것인가? 만약 그렇지 않다면, 과연 중국이 북한을 영원히 지원할 수 있을까?

답변

중국은 북한의 1, 2차 핵실험 이후 내부적으로 열띤 논쟁을 해왔다. 기존의 정치세력은 북한을 더 밀접하게 생각하고 있지만 젊은 신정치세력은 북한을 그들의 목을 조르는 거대한 앨버트로스로 여기고 있다. 아무튼 현재는 이러한 논쟁이 막을 내린 것으로 보이며 북한의 새 리더를 지지할 것으로 보인다. 왜냐하면 한반도 통일은 지정학적으로 중국의 전략적 이해를 해칠 것이기 때문이다. 그들은 북한을 완충지로 유지하는 것을 선호한다. 물론 그것은 경제적으로 비합리적이다.

모든 국가가 중국과 관계 맺기를 바라며 아시아에서 미국의 역할은 점점 더 줄어들게 되리라는 전망이 대세이다. 그러나 현재 중국은 외신들의 기대에 부합하지 않는 행동을 하고 있다. 중국은 북한보다 한국과 경제적 이해관계가 더 많이 얽혀 있음에도 여전히 경제적 이해보다 지정학적 이익을 추구한다. 이것은 현실주의지 자유주의가 아니다. 정치학자들의 견해를 살펴보면, 그들은 그것이 중국만의 독특한 방식이라고 설명한다. 한반도는 양극화 현상으로 가고 있으며 그것은 미국과 남한 대 중국과 북한의 구도이다.

어떻게 중국을 남한 쪽으로 끌어올 것인가에 관해 여러 가지 가능성이 존재하지만, 이것은 어떤 식으로든 어려운 문제이다. 북한이 의지할 곳은 중국밖에 없고, 중국은 북한이 필요하기 때문이다. 어떤 가치를 따지기보다는 북한의 붕괴 자체를 원하지 않기 때문에 그러한 이해관계 속에 있는 것 같다. 통일 문제에 대해 중국을 설득해야 하지만 현 중국 정부의 사고를 바꾸기는 매우 어려울 것이다. 중국을 설득하는 가장 효과적인 방법은 중국이 과거 냉전 시대처럼 북한을 끌어안는 것은 옳지 않다고 비판하는 것보다 대국으로서 지금의 태도는 옳지 않다고 설득하는 것이다. 그리고 대국이 되기 위해서는 한반도가 통일되어야 한다고 설득하는 것이다. 모두가 자신의 이해관계를 지키고자 하지만, 강대국들은 항상 공공의 이익에 기여하는 것이 그들의 의무라고 생각한다. 북한이 앞으로 도발을 줄이고 비핵화를 실행하는 것은 공공의 이익에 부합하는 것이다. 중국은 북한에 영향력을 행사할 수 있고, 이것을 잘 알고 있으므로 이 점을 설득하는 것이 중요하다고 생각한다.

4. 미국이 남한을 배제한 채 중국과 타협할 가능성은 없는가?

질문

천안함 사건을 놓고 중국의 태도가 잘못되었다고 발제자는 지적하였는데, 나는 여전히 왜 중국처럼 책임감 있는 강대국이 마땅히 취할 행동과는 그토록 반대로 움직이는지 이해하기 위해 기를 쓰고 있다. 중국이 대국으로서 왜 그런 행동을 했는가에 대한 논의가 필요하며, 그 이유는 어쩌면 중국의 신뢰를 받고 있는 것이 미국과 남한이 아니라 북한이기 때문일 수도 있다고 생각한다. 통일에 관한 논의라든지 급변사태 발생 시 취할 태도에 대한 이야기가 많지만, 나는 통일 계획에 관해 논의하는 것이 방어적 행동이라는 발제자의 말에 동의한다. 우리는 북한의 붕괴를 기반으로 한 시나리오를 짜고 있지만, 북한의 시각에서 볼 때 이 모든 것이 북한체제를 붕괴시키기 위한 남한의 전략으로 간주될 수 있다. 북한은 아마 중국에 미국 제국주의자들과 미국의 꼭두각시 인형인 남한이 북한을 붕괴시키려 하고 있으며 중국의 핵심 이익에 해를 끼치려 한다고 이야기할 것이다. 그러한 주장은 중국의 주의를 끌 수 있을 것이다.

답변

왜 중국이 북한을 내버려두는가에 대하여, 특히 천안함 사건 이후에, 미국은 그저 중국을 비난했을 뿐 중국이 어떻게 해야 한다고 언급하지 않았다. 미국이 중국에 바라는 것은 국제사회가 중국에 바라는 것과 동일하다. 중국은 북한이 체제 유지를 위해 지속적으로 지원을 받는 대가로 핵을 포기하도록 해야 한다.

왜 중국이 그렇게 하지 않고 국제사회의 기대에 반하는 행동을 하고 있는지는 세 번째 질문과 연결되어 있다. 6자회담 동안 부시와 후진타오가 잘 어울려 미·중 관계가 꽤 좋았던 영향으로, 중국은 당시 훨씬 도움이 되었고 생산적이었다. 현 정부에는 이런 것이 존재하지 않는다. 부시 전 대통령은 중국을 다룰 좋은 방법을 알고 있었는데, 그는 항상 중국의 남성다움을 걸고넘어졌다. "그들이 방금 당신들의 뒷마당에서 핵폭탄을 터트렸는데, 가만히 있을 건가? 당신들 정말 강대국이긴 한 거야?"라고 말이다. 중국은 그것을 불쾌하게 여겼지만, 그에 반응했다.

질문

통일에 대한 담론이 왜 계속 달라지는가? 많은 사람이 북한정권이 곧 붕괴할 것으로 생각했다. 1994년에 제네바 협약을 맺을 당시에도 북한정권이 곧 붕괴할 것이라고 얘기했다. 그래서 그때 논의가 활발히 이루어졌던 것이다. 지금도 같은 상황이라 할 수 있다. 아직도 미국은 북한이 몇 년 안에 붕괴할 것으로 보고 있다. 문제는 남한 정부와 미국 정부 간에 불화가 있을 수 있다는 것이다. 북한에 억류된 곰즈(Gomes)씨를 구출하는 과정에서 미국은 북한에 협상팀을 보내지 않을 것이라 하였으나 결국 한 주 뒤에 파견하였다. <아사히 신문>은 이를 두고 미국이 남한과 약간의 갈등이 있다고 보도하였다. 미국은 북한과 대화를 시도하고 있는데, 실제로 미국과 북한 간의 대화가 시작되는 시기는 언제가 될 것인가?

답변

미국의 정책기조 변화에 대해 말하자면, 경제 제재와 한국과의 합동 군사훈련에 집중하는 것을 봤을 때 변한 점은 없다고 생각한다. 그러나 미국은 장기적으로 보았을 때 북한과 어떤 식으로든 대화가 필요하다고 생각하는 것 같다. 대화를 제쳐둔 채 지속적으로 군사 훈련과 제재를 계속한다면 그 결과로 전쟁이 발발할 수 있다. 미국이 현재 구상하고 있는 것은 첫 번째로 어떻게 해야 대화로 돌아갈 수 있는가이다. 대화 재개와 진전을 위해 북한은 천안함 사태와 비핵화와 관련해 남한에 무슨 이야기를 해야 하는가? 두 번째는 다시 대화로 돌아갈 경우, 어떤 형식을 취해야 하는가이다. 이 모든 것은 지금 당장 급한 일이라기보다 미래를 위한 계획을 세우는 일에 관한 것이다. 즉 외교적 협상과 교섭이라는 제3의 요소가 필요하다고 생각한다. 현재 미국은 대단히 많은 외교적 노력을 하는 중이다.

질문

미국이 한반도에 대해 갖고 있는 정책은 두 가지 정도이다. 그 중 하나는 핵확산을 막기 위한 국제적 정책이다. 그 다음은 한국의 전략과 전술을 존중하는 것이다. 우리는 우리 자신이 한국과 성숙한 관계를 맺고 있다고 간주하고 있으며, 한국이 북한에서 일어나는 일들에 대해 상당히 숙고하고 있다고 생각한다. 오늘 논의한 내용을 보았을 때, 한국이 한반도 통일에 기여할 수 있도록 미국은 적극적으로 도움을 주어야 한다. 그런 측면에서 미국은 한국의 리더십을 지지할 준비가 되어 있다고 생각하며, 젊은이들의 역할이 굉장히 중요하다고 생각한다.

답변

2003년도와 비교하였을 때 남한의 통일 노력은 현재 큰 변화를 보이고 있다. 나는 오바마 대통령과 이명박 대통령이 만나 한미 양국은 한국의 자유와 평화 그리고 나아가 통일의 비전을 공유한다고 명시한 성명서를 도출해낸 것을 볼 수 있어 기뻤다. 부시 정부 때도 이러한 제안이 있었으나 남한정부가 주저하는 모습을 보였다. 그러나 이번에는 남한이 다른 모습을 보였기 때문에 공동성명을 발표할 수 있었던 것이며, 달라진 남한의 정책 기조 덕분에 통일이 더욱 당겨질 수 있을 것 같다.

5. 일본은 남북통일을 바라고 있는가?

질문

일본이 한국의 통일을 지지하고 있다고 언급하던 중 일본이 한국의 통일을 원하지 않은 적이 있었다고 발표자가 언급하였는데, 이것은 과거에 일본에 있었던 일반적인 생각이다. 이것이 완전히 틀렸다는 것은 아니지만, 일본이 한국의 통일을 지지하고 지원하는 것이 당연하다고 생각하며, 한국의 통일이 일본에 더욱 많은 기회를 가져다줄 것이다. 그리고 안보 문제가 논의 대상이 될 텐데, 한반도가 통일을 이뤄낸다면 일본의 많은 안보 문제가 자동으로 해결될 것이다. 그러므로 일본이 통일을 반대할 이유는 없다고 본다. 일본은 통일을 지지하기에는 여러 가지 한계를 지니고 있지만, 더 폭넓은 관점에서 보면 일본은 통일을 위해 기여할 수 있는 점이 많다고 생각한다. 일본은 언제든지 참여하고 싶어 한다고 전하고 싶다.

답변

미국과 한국이 좀더 활발한 논의가 이루어지길 바랐지만 일본 외무성 측에서 일본의 개입은 민감한 부분이기 때문에 미국과 한국의 논의 결과를 그 직후에 알려주면 좋겠다고 요청을 했었다. 현재 워싱턴-서울-도쿄 간 3자 협력은 매우 정상적으로 이루어지고 있다. 내 개인적인 생각으로 아시아에 대한 미국의 입장은 동맹국들과 그 시작과 끝을 함께 하는 것 같다. 이것은 한반도 통일에 관해서도 마찬가지다.

6. 러시아는 남북통일에 큰 관심을 두고 있는가?

질문

과연 북한을 둘러싼 주변국 중 어떤 주요 행위자가 이 지역에서 통일을 통해 큰 이득을 얻을 수 있을지 궁금하다. 각국의 입장이 궁금하며, 러시아가 남북통일을 통해 얻을 수 있는 혜택은 무엇이 있을까에 대한 논의도 필요하다. 러시아도 한반도 통일에 큰 관심이 있지만, 합동 경제 프로젝트를 통해서 경제 부문에 대해서만 이해관계가 있는 상황이다.

답변

러시아가 모든 부분에서 제외된 것이 아니냐는 질문이 있었는데, 역사적으로 볼 때 러시아는 많은 아이디어를 제공한 나라다. 6자회담 초기 기안도 러시아가 제안하였으며, 8자회담의 구성 또한 계획하고 있었다. 앞으로도 그럴 것으로 생각한다. 그러나 실제로 대화가 시작되어 이것이 국제 이슈로 떠오르게 되면 사람들이 또다시 러시아에 대해 잊어버린다는 것이 딜레마다.

새로운 세력균형 형성과
한반도 통일 문제

야치 쇼타로(谷內正太郎)

2010.9.27 (화), 15:30–20:00 | 웨스틴조선호텔 라일락&튤립 홀

중국은 몇 가지 이유로 현상유지국가로 남을 것이다. 첫째, 미국의 인구 동태, 풍부한 인재, 유연한 사회구조, 과학기술력, 압도적인 군사 우위, 그리고 자유롭고 민주적인 정치제도를 보더라도 미국은 독보적인 국력과 국제적인 지위를 유지할 것으로 예상하기 때문이다. 둘째, 지금까지 중국의 경제 발전은 미국을 중심으로 하는 국제경제질서에 참여하면서 실현된 것이므로 이 질서를 유지하는 것이 중국의 국익에 부합한다. 셋째, 어느 나라든 고도성장은 반드시 둔화하게 마련이며, 그렇게 되면 그때까지 억눌려 왔던 문제들이 분출하게 된다. 현재 중국은 이미 사회모순과 빈부격차, 부패 등에 관해 역사상 전례 없는 규모의 문제를 안고 있으며, 경제가 정체로 돌아서면 수습할 수 없는 지경이 될 가능성이 있다.

지정학적으로 한반도는 대륙세력(land power)인 중국·러시아(구소련)와 해양세력(sea power)인 미국·일본 세력이 서로 다투는 지역으로, 강대국의 힘이 직접 충돌하지 않고 일정한 균형 하에 안정이 유지되는 완충 지역(buffer zone)의 역할이 기대됐다.

미국과 중국은 남북통일이 이루어져 한반도가 상대국의 영향력 아래에 들어가는 것을 원치 않는다. 중국과 미국 입장에서 보면 통일이 한민족의 염원이라는 것은 충분히 이해가 되지만, 자신들의 국익과 정책적 관점에서 미·중 양국은 한반도에 관해서 당분간 현상유지 세력에 머무를 것이다. 러·일 양국도 이 점에 관해서는 크게 다르지 않다. 이 현상유지 정책은 핵을 보유한 북한이 계속해서 핵 개발을 추진하게 될 것인지, 그리고 북한의 권위주의 체제가 장기간 지속할 것인지와 크게 관련이 있다.

만약 북한이 '핵을 보유하지 않는 북한'이라는 결단을 내리고 이를 각국에서 받아들인다면, 주요 관계국은 대규모의 경제 및 기술 협력을 단행하게 될 것이고, 북한의 안전보장 확보를 위한 방안도 건설적인 방향으로 강구하게 될 것이다.

통일 과정은 당연히 남북한이 당사자로서 가장 중요한 역할을 하게 될 것이고, 동시에 6자회담 관련 4개국인 미·중·러·일과 UN과 같은 국제기구의 건설적인 역할이 동아시아 전체의 평화와 안전을 위해서 필수적이다. 그러나 남북 양측 당사자들은 물론이고 주변 강대국들도 통일에 따른 막대한 리스크와 비용을 각오하기보다는 기본적으로는 현상 유지를 바라고 있다. 바람직한 전개는 북한이 핵무기와 미사일 폐기를 단행하고, 과감하게 경제 개혁·개방에 대한 결단을 내리며, 나아가 후계자 문제를 해결한 후 한국과 평화 통일에 대한 논의를 진행하는 것이다. 그리고 주변 강대국은 북한 혹은 통일 한국의 안전보장을 보증하고, 대규모 경제 지원을 시행하는 것이다.

마지막으로 통일 문제에 관한 일본의 태도에 대해 사견을 덧붙이고자 한다. 첫째, 통일이 남북 간의 대화로 평화적으로 실현된다면 어떠한 정치체제가 되든 일본은 이를 받아들여야 한다. 둘째, 통일 한국이 자유민주주의와 시장경제에 입각한 국가가 된다면 일본은 이러한 통일 한국과 더욱 긴밀한 협력 관계를 구축해야 한다. 셋째, '핵을 보유한 통일 한국'이 성립된다면 일본에는 심각한 위협이 되며, 그에 대한 대응으로 미일 동맹 강화를 포함한 안전 보장 정책의 대폭적인 수정이 불가피할 것이다. 넷째, 북일 수교 정상화는 핵과 미사일, 그리고 일본인 납치 등 모든 문제를 포괄적으로 해결한 후에 성사시킨다는 것이 일본정부의 지금까지 입장이며, 민주당 정권도 이러한 입장을 유지할 것이다.

Ⅰ. 서론

신(神)이 아닌 이상, 사람은 누구나 타고난 성격과 나고 자란 환경, 개인적인 경험 등으로 인한 편견에서 벗어날 수 없다. 변명처럼 들릴지도 모르겠지만, 먼저 본고 집필과 관련하여 내가 지닌 '편견의 구조'를 미리 밝혀두고자 한다.

첫째, 나는 38년 9개월 동안 일본의 외무 공무원으로 근무했으며, 현재는 대학에서 강의하고 있다. 그러나 바탕은 실무가(practitioner)이지 학자(scholar)는 아니다. 따라서 본고는 학술 논문은 아니다. 둘째, 외무성에서는 기본적으로 제너럴리스트(generalist)로 활동해 왔다. 특정 분야나 지역에 대한 스페셜리스트(specialist)가 아니며, 물론 한반도 문제 전문가도 아니다. 셋째, 내가 외국을 방문한 것은 한국이 처음이었다. 1965년 한일 국교 정상화가 이루어진 해였다. 당시 아직 대학생이었던 나는 다른 9명의 일본인 학생과 함께 한국을 방문하여, 몇몇 지식인과는 일어로, 그리고 한일회담에 반대하는 다수의 한국 학생들과는 부족한 영어와 필담으로 토론을 벌였다. 지식인들에게서는 '일본은 안전 보장 문제를 진지하게 생각하지 않고 있다. 우리는 북의 공산주의 위협에 온몸으로 맞서고 있다. 일본은 우리의 희생 위에서 경제적인 번영을 추구할 뿐이다.'라는 비판을 받았다. 학생들은 '일본은 식민지 지배에 대한 반성이나 사죄도 없이 자국의 이익만 생각한다.'라고 비판했다. 안전 보장과 역사 인식이라는 두 가지 문제가 한일 관계의 초점으로 존재하던 당시에 생겨난 기본 인식은 그 후에도 변하지 않았다.

지난 8월 14일 밤, 일본 NHK TV에서 한일 양국 젊은이들의 토론 프로그램이 방영되었다. 여기에서 한일 최초의 공동조사가 발표되었는데, 적어도 두 가지가 많은 일본인에게 충격을 안겨주었다. 하나는 일본인의 60%가 한국이 좋다고 답한 것에 비해 한국인의 70%는 일본이 싫다고 답한 것이다. 다른 하나는 한국인들이 일본인 하면 떠올리는 인물이 첫째, 이토 히로부미(伊藤博文), 둘째, 고이즈미 준이치로(小泉純一郎), 다섯째, 도요토미 히데요시(豊臣秀吉)인 것에 비해, 일본인이 한국인 하면 떠올리는 인물은 첫째, 영화배우 배용준, 셋째, 최지우, 다섯째, 이병헌이라는 점이다. 여기에 대해서는 부연 설명을 할 필요도 없이, 한일 간에는 깊고 큰 차이(gap)가 있다는 사실을 인정할 필요가 있다.

앞서 언급한 바와 같이, 본고에서는 먼저 새로운 세력균형의 형성에 대해 정리한 후에 한반도의 지정학적 의의를 논하고, 다음으로 한반도 통일에 대한 전망과 일본의 태도에 대한 약간의 고찰을 덧붙이도록 하겠다.

Ⅱ. 새로운 세력균형 형성

냉전 시대의 미소 양국에 의한 양극 체제는 소련 붕괴와 함께 소멸하였다. 압도적 군사력과 탁월한 경제력을 지닌 유일 초강대국으로 부상한 미국은 냉전 후에 단극 체제의 틀 속에서 국제사회에 가장 커다란 지배력과 영향력을 행사해 왔다. 소련은 러시아로 국명이 바뀌었고, 영토와 인구가 크게 줄고 1인당 국민소득 약 2,000달러의 개발도상국으로 전락했다(이후 약 1만 달러로 회복). 냉전 말기에 많은 미국 국민이 소련의 군사력보다도 경이로워했던 일본의 경제력은 1990년대에 '잃어버린 10년'을 겪으며, 지금까지도 과거의 고도 경제 성장시기와 같은 힘을 회복하지 못하고 있다. '잃어버린 20년'이라는 말도 나오고 있다.

21세기 들어서 두 가지 경향이 눈에 띈다. 하나는 아프가니스탄과 이라크 사태에 발이 묶인 미국이 다시 '쌍둥이 적자'에 빠지게 되었고, 달러의 실효 환율도 대폭 저하되었으며, 또한 미국 경제를 이끌어 온 금융자본주의도 큰 타격을 입은 점이다. 한마디로 미국 경제에 그늘이 드리운 것이다. 미국 경제는 '리먼 사태' 이후에도 구조 개선이 이루어지지 않은 것으로 보인다. 오바마 정권도 국민에게 이러한 상황을 극복하는 길을 제시하지 못함에 따라, 국민 지지율도 떨어지고 있다. 경제 회복의 발걸음은 무겁고 진전이 보이지 않는다. 전반적으로 미국의 국제적 지위와 위상이 상대적으로 낮아졌다는 점은 부정하기 어렵다.

다른 하나는 중국을 비롯한 브릭스(BRICs)의 급속한 대두이다. 미국 골드만삭스 사의 「Dreaming with BRICs: The Path to 2050」(2003년 10월) 보고서는 당시 세계 4위인 중국 경제가 2016년에는 일본을 추월하고(주: 실제로는 2010년 중에 일본을 추월할 것으로 전망됨), 2041년에는 미국을 추월해 세계 1위가 될 것으로 예상하고 있다. 인도는 2031년에 일본을 추월할 것으로 예상했다.

17세기 중반 경에 성립된 것으로 보는 근대 국제사회 판도에서 '유럽(혹은 구미)에서 아시아로', '서에서 동으로'의 세력 이동은 하나의 국제적인 추세로 볼 수 있다. 국제사회에 커다란 지각 변동이 일어나고 있다고도 할 수 있다. 이를 역사적으로 19세기의 비스마르크 독일 대두와 20세기의 미국 등장과 유사한 의미가 있는 것으로 보는 학자도 있다. 2030년 이후의 세계 경제 대국으로는 미국과 EU 외에 중국, 인도, 일본, 이에 이어 한국과 호주 및 ASEAN 국가들의 존재감이 더욱 두드러질 것이다. 21세기는 '아시아의 세기'라는 견해가 현실성을 띠게 될 것이다. 그렇다면 위와 같은 내용을 바탕으로 2030년 이후의 국제사회에는 '아시아의 시대'가 도래한다, 혹은 '중국이 주도하는 세계'가 출현한다고 대담하게 예측할 수 있을 것인가? 이 문제에 답하기 위해서는 미국과 중국의 역학 관계가 어떻게 전개될 것인지, 특히 중국 국력의 미래 방향성(vector)이 어떻게 될 것인지를 생각해 볼 필요가 있다.

이와 관련하여 더 단적으로 2030년대의 동아시아에서 중국이 현상 유지 국가(status quo state)로 존재할 것인지, 혹은 현상 타파 국가(revisionist state)가 될 것인지에 대해서 생각해 보자. 결론부터 말하자면 아마도 중국은 전자의 길을 선택하지 않을까?

첫째, 미국 인구는 앞으로도 계속 증가할 것이라는 인구 동태, 풍부한 인재, 특히 이민의 질과 의욕 및 활력을 활용할 수 있게 하는 유연한 사회구조, 대학 우위에 입각한 과학기술력, 향후 20년, 30년은 타국의 추종을 불허할 것으로 보이는 압도적인 군사력 우위, 자기 변혁 능력을 보증하는 자유롭고 민주적인 정치제도를 보더라도, 미국은 여전히 독보적 국력과 국제적 지위를 유지할 것으로 예상된다. 반면 중국은 머지않아 인구가 감소할 것이고, 설령 중국이 미국 경제를 추월한다 하더라도 긴 안목에서 보면 역전도 가능하다. 중국의 우수한 인재는 앞으로도 계속 외국으로 유출될 것이다. 중국의 가장 큰 문제는 무엇보다도 국민의 능력을 자유롭게 발휘할 수 있는 유연한 구조가 결여되어 있다는 점이다. 이러한 점은 중국의 일당독재 체제 존속과 관련된 문제이며, 이를 해결하는 일은 쉽지 않다. 또한 미국 국민은 '세계 제일'이라는 국제 지위를 다른 나라에 양보할 생각이 전혀 없다. 실제로 20세기를 지나오며 수많은 역사적 시련을 극복해온 미국의 저력은 일반적으로 상상하는 것 이상으로 강인한 부분이 있다. 중국이 가까운 장래에 이러한 미국에 도전하는 것이 자신들의 국익에 부합한다고 판단할 가능성은 크지 않다.

둘째, 중국 지도부인 중국 공산당은 지속적인 경제 발전을 최대 존재 이유(raison d'etre)로 여기고 있으며, 앞으로도 중국이 상대적으로 높은 경제 성장을 지속하면서 대외경제 활동 면에서 국제협조적인 접근을 하게 된다면, 미국이 중국을 '준 초강대국'으로 받아들여 글로벌 파트너의 하나로 대우하게 될 것이다. 지금까지 중국의 경제 발전은 미국을 중심으로 하는 국제 경제 질서에 참여하면서 실현된 것으로, 이 질서를 유지하는 것이 중국의 국익에 부합한다. 최근 중국의 세계무역기구(WTO) 가입과 지적재산권 등의 문제에 대한 대응, 세계 금융 위기에 대한 대처를 보더라도 이는 분명하다.

셋째, 중국이 패권 국가의 길을 목표로 할 것인가라는 관점에서 잠시 생각해 보자. 일본인의 기억에는 아직도 생생한데, 1972년 9월 일·중 국교 정상화 당시 중국 측의 강한 요청으로 일·중 공동성명 제7항에 '양국은 아시아 태평양 지역에서 패권을 추구해서는 안 되며, 이러한 패권을 확립하려는 여하한 다른 국가 혹은 국가 집단의 시도에도 반대한다.'라는 것이 포함되었다. 그러나 중국이 그리는 국제사회의 이미지는 새로운 중화질서라고 할 수 있는, 중국을 중심으로 한 계층적 세계질서일 것이다. 이러한 질서 하에서는, 주변국이 중국의 우위를 존중하는 가운데 정경 불분리의 원칙에 따라 일정한 게임 규칙과 절차가 지켜지는 한, 중국은 외국의 내정에 간섭하지 않을 것이고, 외국은 기본적으로 자주성을 유지할 수 있다. 동시에 중국과 평화적 관계도 유지할 수 있는 형태이다. 이를 '중국의 패권'이라고 할 것인지는 정의하기 나름의 문제이기도 하다. 그러나 이는 17세기 이후 근대 국제사회의 주권국 질서와는 모순되는 개념이며, 미국을 비롯한 세계의 자유민주주의 국가에서는 수용하기 어려울 것이다. 장래에 이러한 두 질서가 조화를 이루는 형태가 될 것인지, 대립하는 형태가 될 것인지, 혹은 다른 형태가 될 것인지는 알 수 없으나, 중국이 자유와 인권, 민주주의, 그리고 법의 지배 등의 보편적 가치를 어디까지 존중하고, 자신들의 체제와 정책에 받아들일 것인가 하는 문제와 크게 관련이 있을 것이다.

이에 덧붙여 중국이 앞으로도 고도 경제 성장을 지속할 것이라는 전제로 모든 문제를 생각하는 것은 잘못이다. 어느 나라든 고도성장은 반드시 둔화하게 마련이며, 그렇게 되면 그때까지 억눌려 왔던 문제가 분출되게 된다(일본이 그 좋은 예이다). 현재 중국은 이미 사회적

모순(삼농 문제 및 노동 문제)과 격차(빈부 및 지역 차) 그리고 부패 등과 관련해서 인류 역사상 지금까지 경험한 적이 없는 규모의 문제를 안고 있으며, 경제가 정체로 돌아서면 수습할 수 없는 지경이 될 가능성이 있다. 중국 공산당의 존재 이유를 위협할 것이며 반세기 이상에 걸친 일당독재 체제를 유지할 수 없게 될 가능성도 있다. 그렇게 되면 중국은 어떤 정치체제로 이행하려 할 것인가? 대외적으로 현상 타파 국가로 나설 것인가? 이 문제는 동아시아, 나아가 국제사회 전체에 큰 파문을 미치게 될 것이다.

Ⅲ. 한반도의 지정학적 의의

지정학적으로 한반도는 대륙세력(land power)인 중국·러시아(소련)와 해양세력(sea power)인 미국·일본 세력이 서로 다투는 지역이었다. 따라서 한반도는 이러한 강대국의 힘이 직접 충돌하지 않고 일정한 균형 하에 안정이 유지되는 완충 지대(buffer zone)의 역할이 기대되어 왔다. 역사적으로 19세기 중반 이후 이 지역에 자주 독립의 통일된 통치 능력이 없다고 여긴 관계 강대국(특히 청, 러시아, 일본)들은 이 지역을 자신들의 지배와 영향 하에 두기 위한 대결 태세를 강화했다. 그 결과 청일전쟁(1894~1895)과 러일전쟁(1904~1905)을 거쳐 한반도에서 청과 러시아의 세력을 몰아낸 일본이 한국을 합병하기에 이르렀다. 제2차 세계대전 이후에는 일본의 패전과 남북 분단에 이어 한국전쟁(1950~1953)이 발발했다. 이 전쟁은 미국의 방위선에서 한반도가 제외된 것으로 판단한 북한이 소련과 중국 등 대륙세력을 등에 업고 이 '힘의 공백'을 메우려 한 것이었다. 북한은 미국을 중심으로 하는 UN군의 저지에 부딪히게 되나, 중국 의용군의 대량 투입으로 살아남을 수 있었다. 그 결과 남북 분단이 고착화되고 남북은 각각 미국 그리고 중국, 소련과 동맹 관계를 맺고 오늘날에 이르게 된다.

2차 대전 전 일본인들은 대륙에 있는 중국, 러시아, 그리고 몽골 등의 제국이 일본에 대한 세력 신장을 기도할 때 한반도를 그냥 지나치지는 않으리라고 생각했다. 한국을 일본의 '주권선(主權線)'으로 보는 견해(야마가타 아리토모, 山縣有朋)도 있었다. 일본에서 보면 대륙세력이 해양세력인 일본의 권익을 위협하는 근거지를 한반도에 두는 것을 인정할 수 없고, 반대로 대륙세력은 해양세력인 일본이 대륙 진출의 근거지로 삼는 것을 허용할 수 없었다. 한국전쟁 전후 시기에도 특히 일본 보수세력 사이에서 '부산 적기론(赤旗論)'(주: 부산에 붉은 깃발이 꽂히면, 즉 한국이 적화되면 일본도 위험하다는 주장)이라는 논의가 있었으며, 만일 한반도가 북한과 같은 사회주의 체제 하에 들어가게 되면 일본의 안보와 정치체제에 큰 위협이 된다는 우려가 강하게 제기되었다.

북한의 핵과 미사일 문제를 둘러싼 6자회담의 참여국인 미국, 중국, 러시아, 그리고 일본 등의 강대국은 여전히 한반도의 지정학상 중요한 역할을 담당하고 있다. 그러나 남한과 북한에게 자신들의 사활이 걸린 중요한 존재는 각각 미국과 중국이라고 할 수 있다. 미국과 중국은 남북통일이 이루어져 한반도가 상대국의 강한 영향력 하에 들어가는 것을 원치 않는다. 먼저 북한이 한국화되는 경우를 생각해보자. 중국 내에는 200만 명의 조선족이 있으나 이 문제는 차치하고, 중국으로서는 미국 세력과 중국 국경에서 직접 만나게 되는 것은 안보상 큰 위협이 된다. 미국도 강한 경계심을 지닌 중국과 직접적으로 대치하게 되는 것이 결코 유쾌한 일이 아닐뿐더러, 미국이 아시아 정책 나아가 글로벌 정책을 전개하는 데 큰 부담이 될 가능성이 있다.

한국이 북한화할 가능성은 그다지 크다고는 볼 수 없으나, 이러한 사태가 일어나는 것을 일본은 크게 경계하고 있다. 가령 이렇게 된다면, 미국은 일본과의 관계를 포함해서 아시아 정책을 전면적으로 재검토할 필요가 있을 것이다. 특히 통일 한국이 핵을 보유한 상태라면 문제는 더욱 심각해진다. 중국과 미국 간의 양자 관계도 긴장감이 고조될 것은 뻔한 일이며, 이러한 상황은 중국도 원하지 않을 것이다.

즉 중국과 미국의 입장에서는 한반도 통일이 한민족의 염원이라는 것을 충분히 이해하고 있고, 겉으로는 이에 반대할 생각이 없을 것이다. 그러나 다른 한편으로, 자신들의 국익과 기본 정책의 관점에서 그것이 자신들의 영향력을 적극적으로 확대하는 일방적 형태의 통일이라 할지라도 굳이 추진할 생각은 없다는 것이다. 그러한 의미에서 미·중 양국은 한반도에 관해서는 당분간 현상 유지 세력에 머무를 것으로 보아도 무방할 것이다. 러·일 양국도 이 점에 관해서는 크게 다르지 않다. 그럼에도 이 현상 유지 정책은 핵을 보유한 북한이 계속해서 핵 개발을 추진하게 될 것인지, 북한의 권위주의 체제가 장기간 지속될 것인지와 크게 관련이 있다. 4개국 모두 북한의 핵 보유를 용인할 수는 없으며, 또한 주요국의 지원이 불가피한 권위주의 체제가 지속되기를 원하지도 않기 때문이다.

북한은 냉전 구조 속에서 경제적으로는 소련과 중국의 지원을 받았고, 또한 한때는 중국과 소련의 대립을 이용해서 경제적 이익을 확보해 왔다. 북한은 동서 세력 중 동쪽으로 크게 치우친 형태로, 서쪽과 가까운 한국과의 관계에서 완충 지대 역할을 해 왔다. 그러나 냉전이 끝나고, 동쪽 특히 소련(러시아)의 경제 원조 극감으로 북한은 체제 존속 위기에 직면하였고, 이를 극복하기 위해서 1993년부터 핵 개발을 '외교 카드'로 사용하는 핵 외교를 시작하였다. 이러한 북한의 핵 외교는 다음 해인 1994년 10월 이른바 북미 제네바 합의로 결실을 보았다. 북한은 이를 '큰 외교적 승리'라고 선전해 왔다.

북한은 남한과의 경제 및 체제 경쟁에서 1980년대 중반 이후 결정적 패배가 확실해졌고 최근에는 만성적이라 할 수 있는 경제적 어려움과 혼란 속에 빠져 있으며 식량과 에너지 부족은 심각한 수준이다. 이러한 상황에서 빠져나올 수 있는 출구도 전혀 보이지 않는다. 핵 개발에도 큰 제약이 있다고 볼 수 있다. 그럼에도 북한은 선군 영도, 강성대국을 목표로 강력한 군사력을 보유하기 위해 애쓰고 있으며 핵과 탄도미사일 개발을 가장 중요한 과제로 삼고 있다. 북한이 핵과 탄도미사일을 개발하는 목적은 애초에는 외화 획득과 대미 협상을 위한 외교 카드라는 견해가 설득력이 있었다. 그러나 최근에는 이를 넘어서서 체제 유지를 위한 최종적 보장 수단이자 상대적으로 열세에 있는 재래식 전력을 보완하고 국위를 선양하는 수단으로 간주하고 있다. 즉 과거의 핵 외교는 핵무기 및 핵 계획 폐기를 전제로 미국·일본과의 국교 정상화와 한국·미국·일본의 경제 지원, 그리고 중유 공급 및 원자로 제공을 요구하기 위한 수단이었다. 그러나 지금은 체제 유지를 위해 핵무기 체계를 유지하는 것이 자기목적화 되어 가는 것이 아닌지 우려하는 목소리가 설득력을 얻고 있다. 더구나 북한 지도부의 무모한 발언을 그대로 받아들이자면 북한은 제한된 핵무기 체계에 만족하지 못할 것이며 미국에 직접적 위협이 될 만한 것을 보유하고 있어야 한다고 생각하는 듯하다.

이상과 같이 현재 및 차기 북한 지도부에게 핵 문제는 체제 존속이 걸려 있는 문제이다. 그러나 북한의 국익이라는 관점에서 보면 '핵을 보유한 북한(N. Korea with nukes)'과 '핵을 보유하지 않는 북한(N. Korea without nukes)' 중 어느 쪽이 바람직한지는 냉정하고 합리적으로 생각해 보면 분명히 알 수 있을 것이다. 고이즈미 준이치로 전 총리가 두차례의 방북(2002, 2004년)에서 김정일 국방위원장에게 직접 강조한 점도 실은 이것이었다. '핵을 보유하지 않는 북한'이라는 결단을 내리고, 이를 각국에서 받아들인다면 주요 관련국은 대규모의 경제 및 기술 협력을 단행하게 될 것이고 북한의 안전보장 확보를 위한 방안도 건설적인 방향으로 강구하게 될 것이다. 특히 일본과 국교 정상화가 실현되면 이미 양국 간에 합의한 평양선언(2002년)에 입각한 거액의 경제협력이 시작될 것이다. 물론 일본과의 국교 정상화가 실현되려면 납치 문제 해결이 전제되어야 하나, 만일 '핵을 보유하지 않는 북한'이 실현된다면 납치 문제도 동시에 해결될 것으로 생각한다. 이에 대해서는 무엇을 납치 문제 해결로 볼 것인가라는 문제가 있는데, 납치 피해자 중 모든 생존자와 가족의 귀국과 그 밖의 납치 피해자에 대한 진상 규명이 최소한의 조건이 될 것이다.

'핵을 보유한 북한' 노선이 유지된다면, 이를 바라지 않는 관계 당사국들은 어려운 선택을 해야 할 것이다. 각종 제재는 유지 또는 강화되고, 핵확산 방지 조치는 더욱 강화될 것이며, 북한 경제발전을 위한 각국의 협력은 전혀 기대할 수 없을 것이다. 지금까지 북한의 생명선인 에너지와 식량을 계속해서 공급해온 중국도 국가의 권위라는 관점에서 볼 때 현재와 같은 지원을 지속할 수 있을지 의문이다. 핵확산 방지의 글로벌 리더인 미국이 북한의 핵을 묵인하는 일은 없을 것이다. 중동(특히 이라크와 아프간)에서 철수하면서 부담을 덜게 된 미국이 이제는 모든 수단을 진지하게 협상 테이블에 올려놓을 수도 있을 것이다. 북한으로서는 일단은 권위주의 체제를 유지할 수 있다는 점을 제외하고는 이로울 게 전혀 없다고 볼 수 있다.

냉전 시대의 소련을 되돌아보면, 냉정한 눈을 지닌 많은 지식인은 소련과 같은 강압적 권위주의 체제가 영속하는 일은 없겠지만, 언제

종식될지는 알 수 없다는 태도를 보였다. 이것이 건전한 상식에 바탕을 둔 판단이라고 볼 수 있다. 이는 북한에도 해당된다. 냉전 종식 후에도 스탈린식 통제경제 체제와 전체주의 개인숭배 체제를 이어오고 있는 유일한 사회주의 국가가 북한이다. 현재와 같은 북한의 권위주의 체제가 언제까지 존속할 것인지는 알 수 없으나, 적어도 김정일 체제는 가까운 장래에 어떠한 형태로든 종말을 맞게 되고 정권 교체가 이루어질 것이다. 각종 보도에 따르면 김정일의 3남인 김정은에 대한 권력 승계의 움직임이 강화되고 있는 것 같다. 설령 김정은이 후계자가 된다 하더라도 김정일에게 집중된 모든 권력이 바로 김정은에게 계승된다고 보는 것은 현실성이 없다. 새로운 체제가 제대로 기능하게 될 것인지는 후계자가 김정일 체제 하에서 실권을 쥐고 있던 군이나 당의 지도자들과 어떻게 타협하고 조정 능력을 발휘할 것인가에 따라서 결정될 것이다. 누가 되었든 카리스마가 없는 새로운 젊은 지도자가 핵 문제와 경제 문제를 끌어안은 채 통치 능력을 발휘하기는 지극히 어려울 것이다.

북한 경제는 거의 파탄 상태라는 말이 나온 지 오래다. 김정일 정권이 작년 11월에 실시한 화폐개혁과 같은 어리석은 짓을 계속한다면 북한 경제는 제대로 유지될 수 없을 것이다. 역사를 되돌아보면 국가 경제가 정말로 파산에 이르게 된 경우는 거의 없으며, 대부분이 그 전에 정권이 무너졌다. 김정일 정권(혹은 그 후계 정권)도 과감한 경제 개혁·개방을 하지 않으면 국가 경제가 파산에 이르게 될 가능성이 크다. 경제의 대담한 개혁·개방은 그 성패와는 무관하게, 정권 유지에는 결정적 타격이 될 가능성이 있다. 그럼에도 역시 개혁·개방은 필요하다.

북한의 가장 큰 문제는 외부 관찰자가 예측할 수 없는 불합리한 점이 많다는 것이다. 정체된 상황을 타파하기 위해 과격한 도발 행위를 해 각 관계국의 이목을 끈 후에 어떠한 형태로든 타협에 이르는 방식을 사용하는 경우가 많다. 지난 3월 한국의 천안함 폭파 사건도 그 한 예로 볼 수 있는데, 이러한 일들을 되풀이해서는 국제사회의 신용을 전혀 얻을 수 없다. 핵이든 경제개혁이든 합리적이라고 생각되는 방향으로 추진하지 않는다면 북한의 앞길은 어둡기만 할 것이다.

IV. 한반도 통일에 대한 전망과 일본의 태도

한반도가 통일된다면 어떤 형태가 될 것인가? 많은 전문가에 따르면, 연착륙(평화 통일)과 경착륙(혼란 후의 통일)의 두 가지 방법이 있다. 전자는 남북 양측이 통일의 최종적 형태에 대해 합의할 필요가 있는데, 양측 모두 각각의 체제 유지를 전제로 할 것이다. 따라서 북한은 '연방제'를, 한국은 '국가연합'을 주장할 것이다.

문제는 남북 간의 절대적 격차다. 북한에 대한 정확한 통계는 알 수 없지만, 일례로 미국 중앙정보국(CIA)의 The World Factbook (https://www.cia.gov/library/publications/the-world-factbook/index.html)에 따르면, 2009년의 국민총생산(GDP)의 남북 비율은 34대 1(한국 1조 3,640억 달러, 북한 400억 달러), 1인당 GDP(2009년)는 한국 28,100달러, 북한 1,900달러로 14대 1, 총 무역액(2008년)은 한국 6,911억 달러, 북한 50억 6,360만 달러로 135대 1이다. 이렇게 격차가 큰 가운데 연방제든 국가연합이든 어떠한 형태로든 통일이 된다면, 남한의 국력이 압도적으로 크다는 점에서 실질적으로는 한국이 주도하는 통일이 될 것이다. 한국으로서는 남북의 경제 격차 시정을 위한 막대한 노력이 필요하다. 큰 격차가 존재한다는 것은 사회적 불안을 야기하기 때문이다. 이를 피하기 위한 경제적, 사회적 비용은 어마어마할 것으로 예상된다.

또한 정치 체제도 북한이 남한보다 열세라는 사실이 점점 명백해지면서, 북한은 체제 유지 자체가 어려워질 것이다. 이는 북한으로서는 견디기 어려운 일이다. 동서독의 예를 들 것도 없이, 남북한의 격차가 크다는 것은 평화 통일에 큰 장애가 된다. 이 격차를 해소하기 위해 얼마나 시간이 걸릴지 예측하기도 어렵다. 성공한다는 보장도 없다. 또한 북한 핵 문제는 주변국들이 납득할 수 있는 형태로 해결되어야 한다. 이러한 과정 없이 각국에 경제적 지원을 기대하기는 어렵다. 군사적 통일도 매우 어려운 문제다. 이렇듯 남북 양측이 지불해야 할 평화 통일에 드는 정치적, 경제적 비용을 생각해보면, 가까운 장래에 통일을 실현하는 것에 대해서는 신중할 수밖에 없을 것이다.

이명박 대통령은 지난 2010년 8월 15일 광복 65주년 기념 연설에서 3단계의 공동체를 거쳐 남북통일을 평화적으로 실현하고, 통일 비용을 준비하기 위한 통일세 검토를 시작하겠다고 발표하였다. 즉 통일로 가는 로드맵으로 우선 한반도 비핵화를 전제로 한 남북 평화 공동체, 북한 경제를 발전시킨 후의 경제 공동체, 그리고 민족 전체의 자유와 생활의 기본권을 보장하는 민족 공동체를 순차적으로 구축해야 한다는 비전을 제시하였다. 이는 한반도 정세가 긴장감을 띠는 가운데 한국정부가 평화적이며 더욱 현실적인 해결을 추구하는 자세를 표명함으로써, 국제사회의 신뢰를 높이고 정권에 대한 국민의 구심력을 강화하기 위해 제시한 것으로 생각된다.

경착륙이란 북한의 권력 승계가 실패한 경우로, 분파 당쟁, 내부 분열 및 내전 등이 발생하여 이에 주변 대국이 개입하거나 혹은 한국이 실력으로 통일하는 경우이다. 이 자리에서 여러 시뮬레이션에 대해 언급할 생각은 없으나, 이 경우에는 매우 복잡한 과정을 거쳐 통일이 실현될 것으로 예상된다. 한민족이 지불해야 할 인적, 경제적, 사회적, 기타 비용은 예측할 수도 없을 정도이다. 그러는 사이에 핵이 유출될 가능성도 있다. 이 경우에 걱정되는 것은 한반도가 완충 지대가 아닌 동아시아의 화약고가 될 수도 있다는 사실이다. 이러한 시나리오는 아무도 원하지 않는다. 여하튼 이러한 과정을 거쳐서 탄생하게 되는 통일 한국이 안정적 자립 국가가 되기에는 오랜 시간이 걸릴 것이다.

한반도 통일이 연착륙이나 경착륙 혹은 그 중간적인 형태 중 어떤 형태가 되든, 장기적으로 보면 한국이 주도하는 통일이 될 가능성이 크다. 여기에서 문제가 되는 것은 첫째, 한미동맹과 이와 관련된 미일 동맹에 기능상의 변화가 있을 것인가와 둘째, 통일 한국과 미국, 중국의 관계는 어떻게 될 것인가이다.

먼저 한미동맹은 클린턴 정권 이후부터는 기존에 북한의 무력 행사 억지에 주안점을 두었던 것에서 더 폭넓은 지역적 역할을 해줄 것을 기대받는 관계로 점차 변화해 왔다. 현 오바마 정권은 주한미군이 전 세계의 우발 사태에 대응하게 될 가능성을 시사하고 있다. 미일 동맹이 후텐마 기지 문제를 둘러싸고 동요하고 있는 가운데, 미국 정부가 한국정부에 거는 기대는 더욱 커질 것으로 예상된다. 이러한 경향은 중국으로서는 탐탁지 않을 것이다.

둘째, 한국이 주도하는 통일 한국이 한국, 미국, 그리고 중국 간에 긴장 관계를 초래하는 일은 피할 수 없을 것으로 보인다. 통일 한국은 대미 관계와 대중 관계가 어떻게든 양립할 수 있도록 고심할 것이다. 한국 내에는 심각한 중국 위협론은 존재하지 않으며, 통일 한국이 발전하기 위해서는 미국의 협력이 반드시 필요하다. 이러한 사정들이 있어 한국(혹은 통일 한국)으로서는 6자회담이 동아시아의 평화와 안정을 위한 협조의 장이 되는 것이 바람직할 것이다.

통일 과정은 당연히 남북한이 당사자로서 가장 중요한 역할을 하게될 것이다. 이와 동시에 북핵에 관한 6자회담의 관련 4개국인 미·중·러·일과 UN과 같은 국제기구의 움직임도 중요하며, 이들의 건설적역할이 동아시아 전체의 평화와 안전을 위해 필수적이다. 그러나 남북 양측의 당사자는 물론이고 주변 강대국도 통일에 따른 막대한 위험 부담과 비용을 각오하기보다는 기본적으로는 현상 유지를 바라고 있다. 통일에 대한 전망은 민족의 염원이라는 점을 제외한다면결코 가까운 장래에 밝은 빛이 보이는 분위기는 아니다. 바람직한전개는 북한이 핵무기와 미사일 폐기를 단행하고, 과감하게 경제 개혁·개방에 대한 결단을 내리고 이를 실행하며, 나아가 후계자 문제를 해결한 후 한국과 평화 통일에 대한 논의를 진행하는 것이다.그리고 주변 강대국은 북한 혹은 통일 한국의 안전 보장을 보증하고(6자회담을 이를 위한 논의의 장으로 발전시키는 것도 하나의 방안),대규모 경제 지원도 시행하는 것이다. 또한 미일 양국과 북한의 국교 정상화도 당연히 이루어져야 한다.

마지막으로 통일 문제에 관한 일본의 태도에 대해 사견을 덧붙이고자 한다. 첫째, 통일이 남북 간의 대화로 평화적으로 실현된다면 어떠한 형태의 정치 체제가 되든 일본은 이를 받아들여야 한다. 둘째,통일 한국이 자유민주주의와 시장경제에 입각한 국가가 된다면 일본은 이러한 통일 한국과 더욱 긴밀한 협력 관계를 구축할 수 있으며, 또 그렇게 해야만 한다. 이 경우에는 같은 가치관을 지닌 미국과의 관계도 더욱 강화될 것이다. 셋째, '핵을 보유한 통일 한국'이 성립될 가능성은 매우 낮지만, 가령 그렇게 된다면 이것은 일본에는심각한 위협이 되며, 그에 대한 대응으로 미일 동맹 강화를 포함한 안전 보장 정책의 대폭적인 수정이 불가피할 것이다. 넷째, 통일 문제와 직접 관련은 없으나, 북일 국교 정상화는 핵과 미사일, 납치 등 모든 문제를 포괄적으로 해결한 후에 성사시킨다는 것이 일본 정부의 지금까지 입장이며, 민주당 정권도 이러한 입장을 유지할 것이다. 2002년 평양선언은 북일 국교 정상화와 함께 실행에 옮겨질 것이다.

토론

본 토론은 사회자 최진욱(통일연구원)의 주재로 진행되었으며, 발제자 야치 쇼타로(전 일본외무차관) 그리고 권구훈(골드만삭스), 김영호(국방대), 김진하(통일연구원), 김창수(한국국방연구원), 김태현(중앙대), 김호섭(중앙대), 김현경(MBC), 박재적(통일연구원), 배정호(통일연구원), 서재진(통일연구원), 이유진(숙명여대), 이기현(통일연구원), 유호열(고려대), 전병곤(통일연구원), 최철주(전 중앙일보), 허문영(통일연구원), 현성일(국가안보전략연구소), 홍우택(통일연구원), 앤드류 새먼(Andrew Salmon, CNN), 아라이 유스케(일본 참사), 브렛 콜(Brette Cole, Reuters), 이토 로지(NHK), 돈 커크(Don Kirk, Christian Science Monitor), 두알리 자이카오타오(Dualy Xaykaothao, NPR), 에반 램스태드(Evan Ramstad, Wall Street Journal), 프랭크 스미스(Frank Smith, Press TV), 마키노 요시히로(아사히 신문), 미즈코시 히데아키(일본 공사), 미즈누마 게이코(산케이 신문), 니시와키 신이치(마이니치 신문), 사토 다이스케(교토통신), 시로우치 야스노부(도쿄 신문), 다케코시 마사히코(요미우리 신문) 등이 토론자로 참여하였다. 통일연구원의 송문희, 메레디스 쇼(Meredith Shaw), 서은성, 송은아, 김지용 스태프가 본 회의의 진행 보조와 녹취를 도와주었다.

1. 북한의 경제적, 사회적, 정치적 실태는 어떠하며 정책 방향은 무엇인가?

질문

브라이언 마이어스가 언급한 바와 같이 북한은 파시스트 국가이지 공산주의 국가가 아니다. 그리고 북한은 1920년대와 1930년대 일본의 군국주의 모델과 유사하다고 생각한다. 일본의 역사를 잘 알고 있는 일본인으로서 이와 같은 견해에 대해 어떻게 생각하는가?

답변

현 김정일의 북한체제가 2차 대전 이전의 일본 체제와 유사하지 않느냐는 논쟁이 있다. 그러나 일본의 과거 역사를 살펴봤을 때, 엄밀히 말해 일본의 체제와 북한의 현 체제가 같다고 할 수는 없다. 당신이 언급한 파시즘과 관련해 일본이 과거에 파시스트 국가였다는 견해에 대해서는 그것이 사실이든 아니든 아직까지 역사학자들 사이에서 큰 논쟁거리로 남아 있는 문제이다. 현재의 북한은 선군정치가 이루어지는 사회이며 그에 따라 군사 부문이 최우선시되고 있다. 일본은 만주사변 때 이와 비슷한 방향으로 나아갔고 현재까지도 이것이 큰 약점으로 작용하고 있으며, 이는 일본 최대의 실수였다고 생각한다. 부디 북한이 그러한 과거의 일본을 직시하고 교훈을 얻어 똑같은 실수를 범하지 않았으면 한다.

질문

내가 질문하고 싶은 것은 북한의 개혁·개방에 대한 중국의 영향력에 관한 부분이다. 아직까지 북한은 스스로 개혁·개방을 할 가능성이 있어 보인다. 그 경우에 중국의 영향력은 더욱더 증가할 것이다. 그러나 중국이 한 국가에 영향력을 행사하려 할 때, 그것이 다른 국가들의 이익에 영향을 끼칠 수 있기 때문에 각국의 경쟁심을 자극할 가능성이 크다. 근래 북한에 대한 중국의 개입은 중국의 사상을 주입하려는 경향이 크다. 중국은 동아시아 지역을 더욱 발전시키려는 노력을 하고 있으며, 북한의 도시들을 발전시켜 영향력을 키우려는 움직임을 보인다. 이러한 노력은 결국 북한과 중국의 결속력을 강화하는 결과를 낳을 것이다. 나는 일본이 이에 관해 중국을 우려하고 있다고 본다. 중국과 북한의 공조가 북한의 지하자원에 집중되어 있기 때문이다. 중국은 자신들이 북한의 지하자원과 인프라를 값싸게 이용할 수 있게 구조화하려는 면이 있는 것 같다. 예를 들어 나진·선봉 지역의 경우, 개발 계획 및 청사진을 제시한 것은 일본이었지만 지금은 러시아와 중국이 큰 영향력을 발휘하고 있다. 이렇게 서로 경쟁하게 되는 상황에 대한 예측을 무시할 수는 없는데, 이와 관련해서 어떻게 생각하는가?

답변

북한이 핵실험을 그만두게 하는 것은 모든 사람이 원하는 바이며, 중국이 이와 관련해서 다른 어떤 나라보다 가장 큰 영향력을 행사할 수 있는 것은 사실이다. 그러나 중국의 경제적 영향력에 대해서는 지나치게 부풀려진 면이 있으며, 이것이 주변국들의 경쟁심을 자극하는 요소가 되고 있다. 일본은 현재 북한에 경제 제재를 가하고 있기 때문에 북한의 경제 발전에 큰 관심은 없다. 그러므로 북한에 대한 경제적 영향력을 두고 중국과 주변국이 경쟁하는 시나리오는 아직 이론상의 논쟁거리라 할 수 있다.

질문

9월 28일 노동당 회의가 갖는 의미는 무엇인가?

답변

김정일 리더십 체제 하에서는 현재는 존재하지 않는 중요한 노동당 인사들이 많이 있었고 중요한 역할을 담당했지만, 그것이 9월 28일 회의의 큰 이슈가 될지는 잘 모르겠다. 아마 가장 중요하게 받아들여질 이슈는 승계 문제가 될 것이다.

2. 중국은 대북한 영향력을 키우려 하는가?

질문

발표자는 북한의 개혁이 북한 정권의 존속을 위협할 것이지만, 개혁이 없다면 북한은 붕괴할 것이라 하였다. 중국의 힘, 바로 그것이 북한이 개혁하지 않음에도 불구하고 체제를 유지해올 수 있었던 이유일 것이다. 그런데 얼마 전 김정일의 중국 방문 때 후진타오 총리가 개혁을 권고했다. 과연 그 의도가 정말 북한에 지시를 내리는 것인지, 아니면 북한이 개혁을 못할 것을 알면서도 그런 언급을 한 것인지 궁금하다.

답변

중국은 북한의 개혁·개방을 진지하게 생각하고 있는 것 같다. 그 이유는 현재 북한을 통해 중국이 얻는 이익이 거의 없기 때문이다. 식량과 연료만 원조하는 것이 아니라 북한과 나란히, 예를 들어 북한의 미사일 실험이나 핵무기, 천안함 사건 등과 관련하여 북한의 입장을 지원하고 있다. 이러한 점이 중국이 국제사회에서 위상을 얻는데 불리한 점으로 작용하고 있으며, 중국은 당연히 자국에서 성공했던 개혁 모델을 북한에 적용하고 싶어한다. 만약 북한이 중국식 개혁을 모방하여 개혁·개방에 성공한다면 그만큼 중국은 북한에 대한 영향력을 키울 수 있으며, 국제적 위상 또한 상승할 것일 만큼 중국은 북한의 개혁·개방을 실제로 원하고 있어서 그러한 발언을 한 것 같다.

3. 일본은 남북통일을 바라고 있는가?

질문

한국에게 가장 좋은 통일 환경은 미국과 중국, 중국과 일본이 좋은 관계를 유지하는 것이지만, 지금 상황에서는 어떻게 될지 걱정스러운 마음으로 통일 환경을 지켜보고 있다. 물론 이러한 통일 환경과 관련된 역할에서 일본은 북한을 상대로 3가지 원칙, 즉 비핵화, 미사일, 그리고 일본인 납치 문제가 해결되어야 북한과 수교를 위한 노력을 적극적으로 할 수 있다고 언급했다. 이 조건들이 만족되지 않을 시에는 그런 노력을 할 수 없다는 것을 잘 이해하고 있다. 그럼에도 일본이 좀 더 적극적이고 긍정적인 역할을 해야 한다. 그중에서도 일본에 정치적 리더십이 필요하다고 느낀다. 고이즈미 정부 때는 정부 주도 하에 리더십이 발휘되었던 것 같지만, 그 이후로 일본은 정권 교체가 잦았다. 간 나오토 총리가 리더십을 확보했지만, 앞으로의 양상이 어떻게 변화할지 궁금하다. 일본의 정치적 리더십이 왜 문제가 되는지, 이런 문제를 해결하기 위한 노력에는 어떤 것이 있으며 남북통일에 어떠한 영향을 끼칠지, 그리고 일본의 정치적 리더십 확보 방안 및 복원 방안에 대해서 궁금하다.

답변

일본의 리더십은 고이즈미 정권 이후에 계속 짧은 시간에 변화하는 모습을 보여주고 있으며, 확고하고 안정적인 일본의 정치적 리더십을 구축하는 것이 현재 일본이 맞닥뜨린 가장 큰 문제이다. 지금 이 자리에 많은 언론인이 와 있다는 것을 알고 있다. 언론에 대해 말하자면, 그들은 비판은 빠르게 하지만 해결책을 제시해주는 면은 약하다. 내 생각으로는 가까운 시일 내에 강력한 리더가 등장하기는 어려울 것 같다. 원래 일본은 '경제 일류, 정치 삼류'라는 얘기가 있다. 관료제도가 확실하다 또는 경제가 확실하다는 부분이 일본에서 정치의 약한 부분을 보완해주는 부분이었지만 현재 일본의 관료들 또한 큰 비판을 받고 있으며, 정치뿐만 아니라 경제도 약해진 현재의 일본은 과거의 전후 체제를 재편하는 과정을 겪어야 할 것 같다. 일본은 다양한 의미에서 저력을 발휘해 왔으므로 잘 이겨내리라 믿지만, 리더십 확보에는 긴 시간이 필요할 것이다. 개인적으로 제안하는 방안으로는 첫째, 국민이 더 정치에 참여할 수 있는 공간이 마련되어야 한다는 것이다. 큰 문제는 일본의 정치는 세습제의 경향이 크다는 것이며 이러한 문제 때문에 일본 정치가의 능력도 많이 약화되는 것 같다. 국민이 더욱더 정치에 적극적으로 참여하게 되면 미국의 프라이머리 시스템과 같은 예비선거 시스템을 도입하든지, 공개적으로 후보자를 선발할 수 있는 시스템을 도입하는 방안이 더 능력 있는 정치인을 양성하는 방안이 될 것이다.

질문

발표자는 현실 사례와 이론을 예로 잘 드는 것 같다. 그러나 한국의 정치는 감정적인 측면이 강하다. 일본에 대해 남한이 갖는 적대감은 적지 않으며, 북한의 경우는 남한보다 그 적대심이 10배는 더 클 것이다. 이 문제를 일본이 어떻게 극복할 수 있을지 궁금하다.

답변

발표문에 나와 있는 바와 같이 일본의 60%는 한국을 좋다고 얘기했지만, 한국의 70%는 일본이 싫다고 대답하였다. 안타까운 현상이다. 이러한 안타까운 현상이 쉽게 변화할 것 같지는 않다. 일본에서 연구를 진행 중인 한국의 한 대사와 얘기를 나눈 적이 있는데, 일본인의 50% 이상이 한국인을 좋아한다고 대답하였다 한다.

나도 개인적으로 한국이 좋다. 나는 1965년 이후부터 한국에 긴밀한 관심을 갖고 있었으며, 역사 인식 문제가 해결되어야 할 필요가 있다고 생각한다. 일본은 역사를 직시하고 교훈을 얻어 미래를 계획하는 방향으로 가야 한다. 일본이 제대로 된 역사의식을 갖고, 그 부분에 대해 한국도 이해하려는 노력을 보여 일본과 한국이 같은 방향을 바라보고 있다는 것을 이해하게 되면 좋을 것이다. 안보 문제도 이처럼 일본과 한국이 같은 방향을 바라보고 있다는 것을 이해할 때 한국의 국익에 큰 도움이 되지 않을까 생각한다.

교토대학의 코사카 마사다카 교수는 체제라는 것은 "힘의 시스템이고, 이익의 시스템이며, 가치의 체계이다."라고 얘기하였으며, 하버드 대학의 조셉 나이 교수는 "국가를 이루는 것은 힘(hard power)과 부, 그리고 소프트 파워"라고 얘기했다. 소프트 파워란 가치관을 말한다. 이 세 가지 요소의 관점에서 보면, 일본과 한국은 대단히 많은 공통점을 갖고 있으므로, 미래에는 한일 관계의 감정의 골이 많이 줄어들 것이다. 통일 후에는 이러한 공통점이 더 증가할 것이며, 이 덕분에 한국과 일본은 더 큰 기회를 맞게 될 것이다.

질문

일본이 군사적으로 한반도에 개입할 가능성에 대해서는 어떻게 생각하는지 궁금하다.

답변

일본은 군사적 개입을 하지 않을 것으로 생각한다. 그러나 한국에 급변사태가 발생해 미군이 출동할 때는 일본 또한 후방 지원을 하게 될 것이다. 미국이 행동을 취한다는 것은 일본도 참가한다는 의미이지만, 일본의 국익을 위해서 행동하는 것은 아니며 자위대 파견 또한 없을 것이다.

질문

일본의 핵무장 가능성에 대해 질문하고 싶다. 핵무장 도미노 이론이 있는데, 그 말은 곧 한국이 핵을 가지면 일본 또한 핵을 갖겠다는 것이다. 거꾸로 일본이 핵을 가지려는 노력을 보인다면, 결국 중국이 북한의 핵무장에 압력을 가할 수도 있을 것 같다. 그러한 가능성에 대해서는 어떻게 생각을 하는지 궁금하다.

답변

일본의 핵무장 가능성에 대한 여러 가지 조건들을 생각해볼 때, 그것은 가까운 시일 내에 절대로 이루어질 수 없는 일이다. 왜냐하면 미국이 바라지 않기 때문이다. 일본이 미국이 바라지 않는 결정을 내린다는 것은 있을 수 없는 일이라 생각한다.

질문

한반도 통일에는 현실적으로 큰 어려움이 있다고 발표자가 언급했는데, 한국은 큰 어려움을 잘 이겨온 국가이기 때문에 나는 한반도 통일이 이루어질 것으로 생각하고 있다. 만약에 10년 이내에 통일이 이뤄진다면 일본에 어떠한 이득이 있을 것인지 다섯가지 정도로 답변을 해줬으면 한다.

답변

일본의 국익에 따른 입장에서 봤을 때, 통일이 10년 안에 실현되면 얻을 이득은 우선 첫째로 안전보장 측면을 들 수 있다. 통일 후에는 남북이 언제 충돌할지 모른다는 위기의식이 없어질 것이다. 또한 6자회담이 5자회담이 되어 동아시아의 평화를 구축하는 유력한 회의장으로 변모할 것이다. 둘째는 정치적 측면이다. 우선 통일 한국이 일본과 강력한 동맹 관계를 맺으며 민주주의와 자유의 이념을 확산시키는 자유민주주의 국가로 성립한다면 일본에 큰 이득이 될 것이다. 그 과정에서의 협력관계는 한일 역사 문제에도 긍정적으로 작용할 것이다. 현재 제2차 협동 역사 연구 프로젝트가 진행 중에 있는데 물론 각국 정부에 영향을 받지 않는 독립적인 형태로 연구가 진행되고 있지만 서로 많이 다른 견해 탓에 많은 문제가 산재해 있다.

나는 양국이 같은 역사적 인식을 할 수 없다고 생각한다. 그러나 양국이 같은 정치적 체제 하에서 노력한다면 더욱 진전이 있을 것으로 믿는다. 셋째로 경제적 측면에서도 일본이 북한에 현재 가하고 있는 경제적 압력이 사라질 것이므로 새로운 비즈니스 관계가 형성된다는 것이다. 넷째로 국제 환경 문제나 질서 문제를 한·일이 함께 풀어나가는 긍정적인 측면이 부각될 것이다. 다섯째로 해양의 자유를 확보할 수 있어 지정학적으로나 지경학적으로 두 국가 모두에게 큰 이익이 될 것이다.

질문

일본은 어떤 제재 조치를 북한에 취하고 있는지 궁금하다.

답변

북한에 대한 일본의 제재가 효과가 있는지에 대해서는 말하기 어려운 점이 있다. 나는 일본이 가하고 있는 대북 제재가 북한에서 큰 문제를 야기한다고 생각하지 않는다. 현재 북한의 가장 큰 문제는 식량과 에너지 문제인데, 일본은 이와 같은 것들을 원조한 적이 없다.

4. 통일 문제를 국제화하는 것이 바람직한가? 그렇다면 어떤 경로(route)를 이용해야 하는가? UN? 혹은 6자회담?

질문

지난번 한국 통일에 대한 미국의 입장을 논했던 포럼에서 한 일본인 참가자가 언급하기를, 일본은 단지 지정학적 이유에서만 남북통일을 지지하는 것이 아니라 경제적 이유에서도 통일을 바란다고 하였다. 경제적 시각에서 통일을 어떻게 바라보고 있는지 궁금하다.

답변

만약 한국이 통일된다면, 남한이 중심이 되어 자유민주주의 국가가 성립할 것을 믿어 의심치 않는다. 그것은 이제껏 갇혀 있던 북한의 시장이 열린다는 것을 의미하며, 더 나아가 통일 한국은 더 거대한 시장을 갖게 되고 강력해진 교역의 힘 덕분에 무역과 국제 비즈니스에서 큰 이익을 얻게 될 것이다. 경제는 제로섬 게임이 아니므로 이와 같은 점들은 일본과 한국 두 국가에 모두 이득을 가져다 줄 것이며, 두 국가 간 협동과 대화는 더 효과적으로 작용할 것이다. 나는 일본이 통일 과정에 참여하여 사람들에게 이런 저런 입장 표명을 할 필요가 없다고 생각한다. 그러지 않아도 일본은 한국 통일로 엄청난 이득을 얻게 될 것이기 때문이다.

질문

최근에 보면 중국과 일본 사이에 위기가 있었다. 일본이 중국 어선을 나포했는데, 이것이 일본과 미국에 어떤 영향을 끼칠 수 있을까? 다른 질문으로는, 많은 전문가가 현재 북한이 붕괴하리라 예상하고 있는데, 만약 사실이라면 북한에 원조를 안 하는 것이 북한 붕괴를 앞당길 수 있으므로 지원을 하지 않는 방향이 더 좋지 않은가? 반대로 일본은 북한이 핵무기를 포기하고 납치 문제를 해결한다면 대북 지원을 하겠다고 약속하였는데, 이것이 북한의 붕괴를 늦추지 않을까 생각한다. 또한 국제사회가 북한에 여러 가지를 요구하고 있는데, 결국 너무 많은 요구 때문에 그 요구들을 다 충족시킬 수 없는 북한으로서는 계속 핵을 보유하는 결단을 내리지 않을까 생각한다.

대부분의 남한에 있는 전략가들은 북한에 대해 서방 중심적(Western-centric) 접근을 수용하고 있다. 이 접근 방식은 우리(미국, 남한, 일본)가 무엇을 원하는가로 시작한다. 북한이 무엇을 원하는가로 시작하여, 그를 통해서 우리가 무엇을 얻을 수 있는지에 대한 전략은 없는가? 예를 들어 안보를 먼저 보장하는 방법은 없는지? 북한은 현재 분단 상황에 있는데 자신의 모든 군사력을 포기해야 하는지 궁금하다.

답변

물론 북한도 스스로 안보를 지킬 권리가 있다고 생각하며 이에 대해 불만을 제기할 국가는 없다. 그러나 문제는 북한이 시리아, 이란, 그리고 파키스탄 등의 국가와 함께 핵 관련 기술을 교류하는 데 동참한 것으로 보인다는 점이다. 북한은 예측하기 어려운 국가이며, 천안함 사건이 그것을 잘 보여주었다. 국제사회는 북한을 신뢰하고 있지 않으며, 우리는 항상 핵으로 어떤 재앙이 발생할 수 있는지 명심해야 한다.

질문

중국에 대한 일본의 정책을 살펴봤을 때, 일본은 중국을 견제하려는 것 같다. 포용정책이나 교화정책은 어떠한가? 일본이 중국이나 북한에 영향을 줄 수 있는 행위는 무엇이 있나?

답변

포용정책을 논하는 데 있어서 가장 중요한 요소는 중국과 미국의 관계이다. 중국을 포용하기 위해서는 미국과 남한, 일본이 서로 협조해야 할 것이다. 이명박 정권의 삼각구도 관계화는 확실한 발전을 보여줬다. 또한 일본은 천안함 사태를 통해 미국과 남한, 그리고 일본의 안보 협력에 대해 새로운 생각을 하게 되었다. 나는 이 사건이 일본 일반인들이 가진 미군 주둔에 관한 안 좋은 인상을 긍정적으로 바꿔놓을 것으로 생각한다.

질문

작년 여름에 열린 한미 정책 대화에서 한 미국 측 참가자가 일본의 정치적 리더십이 위기를 겪고 있기 때문에 일본은 6자회담에 더는 중요한 요소가 아니었다고 언급했다. 나는 이 발언이 일본을 화나게 할 것으로 생각했다. 그리고 빅터 차가 발표한 지난 회의에서 한 일본 관계자는 북한 핵 문제가 가장 큰 문제인데 남북통일을 통해 핵 문제가 해결될 것이므로 통일을 환영한다고 했던 것이 놀라웠다. 빅터 차는 일본은 포스트모던 국가이며 그러한 일본의 핵무장 가능성에 대해서는 낮게 평가한다고 하였다. 내가 물어보고 싶은 것은 중국에 대한 것이다. 남한의 언론과 외신 기자들은 한국의 통일이 중국에 큰 이익을 주지 않을 것이라고 보도하였다.

소프트 파워 측면에서 전근대적 국가인 중국에 대해 포스트모던 국가인 일본이 영향을 발휘하기란 어려워 보인다. 어떻게 해야 우리가 중국 사회를 통일을 지지하는 쪽으로 변화시킬 수 있을까? 어떤 사람들은 필연적으로 중국이 북한에 대한 인내심을 잃게 될 것이라 한다. 그러나 천안함 사건이나 조어도(중국명: 댜오위다오, 일본명: 센카쿠) 사건을 통해서 중국은 강력한 영향력을 발휘하는 전근대국가의 모습을 보였다.

한국이 일본의 핵무장에 대해 논의하는 이유는 중국이 전근대적 국가이며 중국을 남북한 통일 계획에 끌어들일 가능성이 없어 보이기 때문이다. 그러나 만약 중국 정치에서 포스트모던적인 요소를 규명할 수 있다면, 한국의 외교 방향을 그쪽으로 잡고 그러한 측면을 이용할 수 있어야 할 것이다. 다른 문제로, 중국은 군사적 측면에서 미국의 동아시아 간섭을 크게 우려하고 있다. 중국의 어떤 집단들은 북한을 중국을 방어하기 위한 완충 지역으로 써야 한다고 한다. 결국 이러한 서방국의 압력이 북한과 중국의 결속을 돕는 것이다. 이제까지 남한은 서방 국가들과 협력 체제를 유지해왔고, 그 점이 통일을 지연시켜왔다고 생각한다. 어떻게 해야 통일을 앞당길 수 있겠는가?

답변

중국과 일본 사이에 있었던 대화를 다시 되새겨볼 필요가 있다. 어떤 사람들은 중국이 너무 공격적이고 강경했다고 말한다. 왜 중국은 그렇게 강경한 태도를 보일 수밖에 없었는가? 물론 국내적 분위기가 그러했을 수도 있으나, 중국은 역사적으로 봤을 때 항상 상처를 받아왔던 나라다. 조어도 문제 같은 경우, 현재 제2위의 경제대국, 군사대국이 된 중국이 이제는 자신감을 갖고 강력하게 자국의 이익을 피력하고 있는 것이다.

중국은 1968년 이후부터 조어도의 영유권을 주장해왔으며, 일본 또한 같은 방식을 취해왔다. 결국 중국을 끌어안는 전략이 필요하게 될 것이지만, 쉽게 손잡을 수 있는 국가는 아닐 것이다. 또한 일본의 입장에서 일본이 큰 역할을 맡는다는 것은 한반도 문제와 마찬가지로 두 국가 사이에 역사적으로 불화가 있었으므로 신중하게 접근해야 할 문제이다. 즉 국제적으로 설득력을 갖는 일본의 역할을 찾는 것이 중요하며, 그 역할을 다하는 것이 일본의 과제일 것이다.

한반도 통일에 대한
주변국 입장과 우리의 대응 방안

포럼 위원들

2010.10.26 (화), 15:00-20:00 | 달개비 회의실 (중구 정동 소재)

정책 제안 토론 참여자(가나다순)

본 제안은 편저자 최진욱(통일연구원)의 사회로 통일외교포럼 김영호(국방대), 김진하(통일연구원), 김창수(한국국방연구원), 김태현(중앙대), 김호섭(중앙대), 김형국(숙명여대), 유호열(고려대), 유현석(경희대), 이상현(세종연구소), 이유진(숙명여대), 현성일(국가안보전략연구소) 등이 본안 작성에 참여하여 토론한 결과이다. 토론에 앞서 각 참여자는 정책 제안을 위한 토론문을 제출하였고 토론 후 피드백을 받아 최종 보고서를 작성하였다. 통일연구원의 송문희, 메레디스 쇼(Meredith Shaw), 서은성, 김지용 스태프가 회의 보조와 녹취를 도와주었다.

북한실태 및 정책방향에 대한 주변국의 인식

1. 향후에도 북한의 체제 불안정은 계속될 것이다.

주변 4국은 대체로 북한의 태도 불변과 이에 대한 국제사회의 제재 구도가 지속되고 있어 북한체제의 불안정성이 점증하고 있다고 보고 있다.

북한의 3대 세습이 현실화되면서 북한의 미래에 대한 관심과 불안이 증폭되고 있다. 미국은 지난 10월 8일 워싱턴에서 열린 제42차 한미 연례안보협의회 공동성명에 '북한의 불안정 사태'라는 문구를 포함시키며 대응책을 모색하고 있으며, 중국은 북한의 권력 세습을 인정하면서 체제 붕괴를 막기 위해 후계 구도를 지원하는 모습을 보이고 있다.

김정은 체제의 성공은 크게 세 가지 변수에 달렸다.

① 북한 후계체제의 안정을 위한 최대 관건은 김정은이 얼마나 빨리 당과 군을 장악할 것인가 하는 점이다. 문제는 노회한 권력 엘리트들이 김정일 사후에 김정은의 리더십을 따르고 충성할 것인가 하는 점이다.

② 만성적인 경제 침체를 타개해 먹고 사는 문제를 해결해줌으로써 팽배해져 가는 체제 내부의 불만을 달래는 것이다. 선대의 지도

자들과 달리 혁명적 열정과 정치적 동지 의식이 전혀 없는 전후
(戰後) 외국 유학파 세대의 젊은 지도자는 북한 주민이 현실적으
로 먹고 사는 문제에 어려움을 겪고 있음을 피부로 느끼고 이를
개선하기 위해 노력하는 모습을 보여줌으로써 지도자로서의 위
상을 인정받을 수 있을 것이다.

③ 국제사회와 관계 개선도 필수적이다. 현재 북한은 중국과 밀착함
으로써 6자회담을 활용해 천안함 국면에서 탈출을 시도하고 있
다. 문제는 미국의 입장이다. 미국은 북한에 대해 경제적으로는
개방을, 안보 차원에서는 비핵화 공약 이행을, 그리고 남북관계
에 관해서는 천안함 사태 해결 및 대화 재개를 지속적으로 촉구
하고 있다. 최근 한국을 방문한 커트 캠벨 미국 동아태차관보는
대북 대화 및 6자회담이 성사되기 위해 현 상황에서 가장 중요한
것은 남북관계의 재개(re-engagement)이며, 비핵화 공약과 관
련해 북한이 분명한 약속을 해야 한다는 점을 강조한 바 있다. 북
한이 이 문제에 관해 결단을 내리지 못하면 그들이 그토록 원하
는 북미관계의 개선은 요원하다.

북한은 선군정치를 통한 내부 결속 및 단속을 강화함과 동시에 더욱
유연한 대남 정책으로 경제적 이득을 취하려고 할 가능성이 크다.
아버지에게서 권력을 물려받은 김정은은 김정일 생전에는 정책 변
화를 통해 아버지를 비판할 수 없는 상황이며, 개방보다는 선군정치
를 강화하여 군부의 지지를 얻는 것이 내부 결속에 더 중요하다고
판단할 수 있다. 그러나 다른 한편, 주민의 불만이 체제 불안정을 야
기할 수 있기 때문에 천안함 사태 이후 경직된 남북관계를 경제 협
력 체제로 전환하려는 노력을 지속적으로 전개할 가능성이 크다고
판단된다.

요컨대 김정은 후계 체제는 선대에서 승계한 권력과 함께 극복하기 어려운 과제를 유산으로 넘겨받을 것이며, 경제적 피폐와 국제사회의 압박을 극복하기 위해서 긴밀한 북중관계라는 외교적 자산과 핵무기와 선군체제라는 내부적 자산을 함께 활용할 것이다. 또한 선군체제를 개혁·개방체제로 전환하기 위해서는 북한 내부의 군 우위 권력구조를 바꿔야 하기 때문에, 개혁·개방 정책의 추진은 상당 기간 어려움을 겪을 것이다.

2. 북한의 체제 붕괴 가능성은 높아지고 있다.

주변 4국은 북한이 지금과 같은 노선과 정책을 고수하면 대내외 위기가 더욱 가속화해 결국 붕괴 가능성이 그만큼 커질 것으로 전망하고 있다. 여기서 북한의 붕괴는 정권의 붕괴를 의미하며 이는 곧 체제 붕괴로 이어지리라는 데 큰 이견은 없다. 그러나 체제의 붕괴가 국가의 붕괴, 즉 남북통일로 이어지리라는 데 대해서는 확신이 없다.

북한식 사회주의가 동유럽과 달리 높은 내구성을 보여왔더라도, 오늘날의 시대적 조류와 북한 내부의 상황을 볼 때 북한체제의 수명도 한계에 도달하고 있다고 보는 것이 온당하다. 시간이 갈수록 북한체제가 붕괴할 가능성이 커지는 이유 중 하나는 가중되는 경제난이다. 경제난과 식량난의 여파는 인구에 누적될 것이며, 근본적인 개혁·개방이 이루어지지 않는 한 북한 경제 체제의 생산성은 더욱 낮아질 것이기 때문이다. 붕괴 가능성 때문에 개혁을 요구하지만 바로 그 개혁으로 말미암아 붕괴가 촉진되는 모순적 관계가 형성되어 있는 것이다.

김정일 이후 새 지도부는 경제 활성화를 조속히 이루어야 하는 부담이 있지만 개방 정책을 통한 근본적인 변화는 정치적으로 큰 모험이 될 수 있으므로, 가급적이면 중국과 한국의 원조와 경제협력을 통해 활로를 모색할 것으로 판단된다. 그러나 남북 경협만으로는 침체된 북한 경제를 활성화할 수 없으므로, 북한이 적극적 개방 정책을 채택하지 않으면 경제 침체의 구조적 결함을 해결할 수 없어 체제 붕괴의 원인이 될 수 있다.

붕괴 시나리오는 쿠데타, 민중 봉기, 권력 갈등 등 다양한 시나리오가 있으나, 북한주민이 자신들의 궁핍을 해결해줄 수 있는 간단한 방법이 통일이라는 것을 깨닫는 순간 체제의 붕괴를 넘어서 국가의 붕괴도 순식간에 올 수 있다.

기타 소수의견

발표자들이 북한 붕괴 가능성을 언급한 데 반해, 토론자들은 대부분 북한의 붕괴 가능성에 대하여 유보적인 태도를 보였다. 가장 큰 이유는 중국 요인이다.

중국이 북한을 대미(對美) 견제를 위한 완충 국가로 간주하는 한, 중국은 북한 정권의 속성에 관계없이 북한을 중국에 우호적인 국가로서 남게 하는 것을 전략적 목표로 견지할 것이다. 또한 북한 붕괴 시 대량 난민 발생 등 중국에 미칠 악영향을 크게 우려하고 있다.

중국은 최근 대북 군사적, 경제적 협력과 지원을 확대하고 있으며 북한의 급변사태에 대해 논의하자는 미국의 제안을 거부하고 있다. 중국이 이러한 입장을 유지하는 한, 북한정권의 붕괴 가능성은 낮다. 또한 북한은 이미 현재와 같은 경제 위기를 오랫동안 견뎌왔다. 인민도 그러한 상황을 견뎌내는 방법들을 찾아내면서 다른 나라에서는 상상도 할 수 없는 상황들을 잘 견뎌왔다.

김정일 이후 권력 투쟁이 발생한다면 중국이 개입할 것으로 예상하는데, 중국은 북한의 체제 붕괴를 막는 데 최대한 역점을 둘 것이기 때문에 체제 유지를 가장 잘 할 수 있는 세력을 지원할 가능성이 크다. 따라서 북한의 권력승계 과정의 불안정성 때문에 단기간 내에 북한 정권이 혼란을 겪을 가능성도 있지만, 중국의 개입 덕분에 결국 북한체제는 꽤 오래 유지될 것으로 보인다. 요컨대 중국이라는 중요한 변수가 있으므로 실제로 북한이라는 국가가 붕괴하기까지는 여러 과정과 많은 시간이 걸릴 수도 있다. 덧붙여 김정일 이후 친중국 정권이 부분적 개혁을 하고 이 과정에서 불안정 요인이 증대되고 권력 갈등이 심화될 가능성도 있다.

3. 북한은 핵무기 개발을 포기하지 않을 것이다.

핵무기에 대한 북한의 집착은 갈수록 커지고 있다. 북한은 핵무기 보유국임을 주장하며 한반도 비핵화는 미국과의 핵 군축 협상 차원에서만 다룰 수 있다는 입장이다. 이마저도 미국의 대북 적대시 정책 포기, 한국에 대한 핵우산 제거, 한미동맹 파기를 전제 조건으로 제시하고 있다.

2009년 12월 보즈워스 대북 정책 특별대표의 방북 시 북한은 "핵 문제의 근본 원인이 미국의 적대시 정책임"을 주장하며 평화협정 문제를 강력히 제기하였다. 바꾸어 말하면 이는 현 단계에서 비핵화가 불가능하다는 것을 말한 것이다. 궁극적으로 북한은 고위급 정치회담을 통해 미국과 관계정상화를 추진하는 한편, 인도식 핵보유 국가 유형을 추구하는 것으로 보인다. 즉 민수용과 군수용 핵시설을 분리해서 민수용 핵시설에 관한 핵협정을 맺고 여기에서 핵무기는 제외하는 것이다. 실제로 2007년 2·13 합의 후 뉴욕 미북관계 정상화 회담에서 김계관 6자회담 수석대표는 북한을 인도처럼 대우해 달라고 요구한 것으로 알려졌다.

최근 북한의 6자회담 재개 입장도 비핵화에 앞서 평화협정이 체결되어야 한다는 주장에 기초하고 있다. 즉 북한은 평화협정을 통한 미·북 신뢰 조성이 있어야만 핵시설 가동 중단을 넘어서 핵무기 문제까지 논의할 수 있다는 입장이다.

북한의 핵무기는 3대 세습을 정당화해줄 뿐만 아니라 2012년 목표인 강성대국 진입의 상징이다. 또한 북한체제를 지키는 마지막 카드이다. 북한은 계속해서 핵 폐기 가능성을 가지고 게임을 즐기며 남한과 미국, 그리고 국제사회로부터 무언가를 얻어내려 할 것이다. 따라서 현재 상황에서 북한이 핵무기를 포기하도록 만들 카드는 없어 보인다.

성공적 권력 세습은 군부 중심의 지배구조 덕분이라고 북한은 판단하고 있다. 이러한 판단은 핵무기 관련, 선군정치 관련 발언과 개편된 북한지도부 중 군부의 비중 등을 볼 때 쉽게 이해할 수 있다. 따라서 김정은 체제 하에서도 핵무기 포기의 가능성은 매우 희박하다고 본다. 한반도 비핵화를 목적으로 진행되어온 6자회담은 이미 여러 차례 실패하였고 큰 성과 없이 현재 회담이 중단된 상태이다. 조만간 새로운 상황을 만들기 위해 북한과 중국이 회담 재개를 발표할 가능성은 있지만, 실질적인 회담 성과를 기대하기는 어렵다.

북핵은 북한의 경제난을 악화시키고 외교적 고립을 심화시키고 있다. 북핵 때문에 미국은 강경한 대북 기조를 유지하면서 경제 제재를 가하고 있으며 북한 핵 문제 해결에는 통일이 유일한, 그리고 바람직한 방안이라는 데 공감대가 형성되고 있다. 북한이 체제 생존을 위한 최후의 카드로 내밀고 있는 핵은 결국 북한정권에 재앙이 될 것이다.

북한이 국제질서에 포함될 때 경제개발이 가능하다는 것을 적극적으로 알려야 한다. 남북간 경제협력과 일부 국가들의 우호적 원조로는 북한경제의 쇠퇴 추세를 되돌릴 수 없다는 것을 분명히 하고, 개혁·개방에 바탕을 둔 자생적 노력만이 북한을 안정시키고 나아가 동북아의 안정을 도모할 수 있다는 것을 알려야 한다. 한국, 미국, 중국 모두 적극적인 공조 체제를 구성하여 북한을 유도해야 한다. 북한의 개방이 늦어지면 질수록 북한의 갑작스러운 붕괴 가능성이 증대할 것이며, 이러한 급작스런 붕괴로 말미암은 전개는 한국을 비롯한 여러 국가에 큰 부담으로 돌아오게 될 것이기 때문이다.

4. 북한의 개혁·개방 가능성은 낮다.

분단국의 한쪽인 남한이 자본주의 시장경제체제와 다원적 민주주의 정치체제로 번영을 누리고 있는 한, 다른 쪽인 북한이 유사한 방향으로의 전환을 의미하는 개혁·개방 정책을 택할 가능성은 구소련, 동구, 베트남, 그리고 중국보다 월등히 낮다. 개혁이란 곧 그들 체제의 실패를 의미하는 것이고, 남한에 대해 북한체제가 상대적으로 열등하다는 것을 고백하는 것이며 결국 체제 붕괴로 연결될 수 있다고 보기 때문이다. 극도로 어려운 식량 사정 및 경제 상황과 중국 등 외부의 권고와 압력에 따라 개혁·개방 노선을 취하더라도 그것은 나진·선봉 지역의 개방처럼 부분적인 것이 되고 그마저도 실패로 끝날 가능성이 크다.

외국 유학 경험이 있는 젊은 지도자의 이미지를 이용해 개방 정책을 추구할 것이라는 예상도 있으나 아버지에게서 권력을 세습 받은 처지에서 선대의 정책을 부정하기는 어렵다고 판단된다. 개혁·개방 정책이 가장 크게 기대할 수 있는 것이 미국, 일본, 한국의 투자와 원조라고 볼 때 핵무기 완전 포기가 동반되지 않은 개혁·개방은 성공하기 어렵다. 따라서 북한 지도층의 새로운 고민은 개방과 핵무기를 어떻게 분리하는가이다. 이미 북한은 핵무기 개발이 김정은의 생각이었다고 선전하고 있으며, 군사 전략에 탁월한 천재성을 지닌 지도자로 선전하고 있다는 사실은 핵무기 포기로 선군정치에 변화를 가져올 가능성이 극히 희박하다는 것을 암시한다. 북한 개혁·개방의 성공 여부는 북한의 외형상의 개혁 정책 채택 여부가 아니라 국제사회가 요구하는 투명성과 책임에 얼마나 부응하는가에 달렸다. 따라서 체제 존속에 위협이 될 수 있는 개방 정책은 북한지도부에게는 큰 모험이 아닐 수 없다.

기타 소수의견

김정일이 살아 있는 상황에서는 북한의 개혁·개방 가능성이 적으나 김정일 사후 3대 세습의 실패, 집단 지도 체제 등장, 제3자 집권 등에 따라 다양한 정책 변화 시나리오를 상정하는 것이 가능하다. 북한의 미래를 예측할 때 어느 한 가지로 단정 짓는 것은 옳지 않다. 여러 가지 시나리오가 있을 수 있으며 이들을 모두 고려해야 한다.

현재 북한의 불안정은 정치적 불안정이라기보다는 사회적 불안정을 의미한다. 지배 엘리트들이 결속해 철권통치를 하는 현 상황에서 인민들의 불만은 쌓여가고 있지만, 막상 이를 해결하기 위해 고양이 목에 방울을 달겠다고 나설 사람은 없다. 김정일 사망 후 김정은 세습 승계가 실패하고 장성택이 권력을 획득하게 되면 집단 지도체제로 갈 가능성이 크고, 이 경우 불만에 찬 인민들의 요구에 부응하기 위해 개혁·개방의 길로 나아갈 가능성도 배제할 수 없다.

최근 김정일의 장악력 저하와 판단력 약화, 김정은의 정책결정과정 장악 미달, 장성택의 정책 영향력 강화 등이 현실화함으로써 정책 변화가 나타날 가능성도 주시해야 한다. 따라서 북한의 개혁·개방 가능성과 붕괴 가능성에 대해서는 북한의 당 대표자회 이후 정세 변화 추이를 지켜보면서 더욱 면밀한 분석과 평가가 지속적으로 필요할 것으로 판단된다. 향후 중국의 영향력이 계속 더 커지게 된다면 중국의 지도와 압력 하에 북한이 개혁·개방의 길로 나설 가능성도 있다.

한반도 통일에 대한 주변국의 인식

5. 주변국은 남북한이 합의하는 통일이라면 반대하지 않는다.

주변 4국은 모두 남북 합의에 따른 평화 통일을 지지한다. 남북한 당국이 공식적으로 합의하거나, 남북한 주민의 중의(衆意)에 의한 합의가 담보된 다른 방식의 통일이라면 주변국들이 드러내놓고 통일을 반대할 명분이 없다. 사실 한반도 주변 국가들은 공식적으로는 한반도 통일에 대해 구체적인 언급을 피해 왔다. 단지 평화적인 방법에 의한 합의 통일을 지지한다는 매우 일반적인 입장을 견지해 왔다.

북한에서 권력 세습이 이루어지고 북한체제의 확실한 미래가 보이지 않는 오늘날, 각국의 입장에서 작은 변화들이 감지된다. 미국은 이제 공식적으로 '통일(unification)'이라는 단어를 종종 사용하고 있으며 시장경제와 자유민주주의에 기반한 통일 한국을 기대한다는 표현도 사용하고 있다. 중국의 일부 학자들도 남북 합의에 의한 통일일 경우 중국이 할 수 있는 역할이 크지 않다고 주장한다. 일본도 핵무기 문제와 자국민 납치 사건 등으로 편치 않은 관계에 있는 북한이 지속적으로 미사일 실험을 통해 자국 안보를 위협한다고 생각하기 때문에 평화적 방법으로 통일된 민주주의 통일 한국이 이웃이 되기를 바란다. 각국의 이해관계와 속내는 다를 수 있으나 일단 표면적으로는 남북 합의가 있으면 이를 무시하고 어떤 행동을 취하기에는 국내외적으로 상당한 부담을 가진다는 점에 공통적인 견해를 보인다.

남한이 주도하는 통일에 대한 주변 4국의 태도는 각국의 이익에 따라 다양하다. 현실주의 국제정치학에서 말하는 '분할지배(divide and rule)'의 정형화된 행동 패턴의 교훈에도 불구하고, 한반도의 분단과 그로 인한 현재의 동북아 국제정치, 나아가 남한 주도로 통일이 된 이후 동북아 국제정치를 내다본 주변국들의 태도는 다양하고 때로 상반된다. 한미동맹이 공고한 이상, 미국은 남한 주도의 한반도 통일을 환영한다. 한반도의 분단과 특히 북한의 도발적 행동이 자국의 직접적 안보 이익과 동북아 국제정치의 안정을 저해하는 정도를 참작하여 일본은 이제 남한 주도 통일을 분단과 북한의 도발이라는 현상에 비해 선호하는 것으로 보인다.

중국은 현재의 미중관계, 한미관계 등을 고려하여 북한의 불안정과 도발적 태도에도 불구하고 남한이 주도하는 통일에는 유보적 태도를 보이고 있다. 러시아는 한 발 물러선 상태에서 전략적으로 저울질할 것으로 전망된다. 한반도 통일의 직접적 의미보다는 미-중-러 삼각관계라는 전략적 변수에 따라 좌우된다는 뜻이다.

기타 소수의견

북한체제가 붕괴하면 남한이 '당연히' 북한을 흡수통일한다는 명제는 '당연한' 것으로 받아들여지지 않을 수 있다. 그 역사성과 민족적 단일성에도 불구하고 남북한이 UN에 동시 가입함으로써 별도 주권 국가로서 국제사회의 승인을 받은 이상, 북한체제 붕괴 이후 그 주민의 자발적 의지가 확인되지 않은 상태에서 남한이 북한을 흡수통일하는 것은 당연한 명제가 아니라고 주장할 여지가 있다. 이에 대한 주요 이해당사국들(미국, 일본, 중국, 러시아 등)의 입장은 자국의 이익에 따라 결정될 것이며, 기타 세계 여론의 흐름을 좌우할 다수 국가의 입장은 자국과 이해관계가 밀접한 이해당사국의 태도 혹은 주도적인 세계 여론의 흐름에 좌우될 것이다. 남북한은 '잠정적 상태'를 유지해 온 독일과 다르다.

한반도의 통일을 열렬히 지지하는 주변국은 없다고 생각된다. 그나마 가장 지지도가 높은 것이 미국일 것이다. 하지만 미국도 통일로 강대해진 한국이 동북아에서 또 하나의 주요 행위자(major actor)로 등장하는 것이 장기적으로 동북아 역학 관계에 어떤 영향을 미칠 것인가를 저울질한 후 통일에 대한 입장을 결정할 것으로 보인다.

특히 한반도 통일을 가장 꺼리는 국가는 중국일 것이다. 물론 표면적으로 통일을 지지한다고 이야기하고 있고, 또 실제 통일이 되더라도 한국이 다시 강성해질 때까지는 상당 기간이 걸릴 것이기 때문에 노골적으로 반대하지는 않겠지만, 현실주의적 관점에서 한국의 통일을 달가워하지는 않을 것이 분명하다. 물밑에서는 통일을 저지 또는 지연하려고 노력할 것으로 보이며, 통일이 대세로 굳어지면 통일 과정에 어떤 방식으로든 개입하여 향후 통일 한국에 영향력을 행사할 방법을 모색할 것으로 보인다.

불과 20년 전만 하더라도 일본의 속내는 어떤 형태가 됐든 한반도 통일을 바라지 않는다는 것이었다. 그러나 이제는 북한 핵 문제나 납북자 문제 등을 해결하기 위해 남북통일이 대안이 될 수도 있다는 데 어느 정도 동의하는 것으로 입장이 변화하고 있다.

6. 북한 급변사태 시 한 국가의 일방적 개입은 다른 국가(들)의 대응 개입을 초래하여 국제분쟁으로 비화될 수 있다.

북한 내에서 정권의 총체적 붕괴, 정권 내 집단 간의 권력 투쟁, 민주화 투쟁 등 때문에 정치적, 군사적 혼란이 일고 내부 통제가 불가능해지는 급변사태가 발생하면 북한 당국 또는 북한 내 일부 세력의 요청이나 묵인 하에 중국이 단독으로 북한에 개입할 가능성이 있다. 중국은 "북한은 엄연히 UN에 가입한 주권국가이며, 남한이 자의적으로 개입할 권리는 없다."라는 태도를 갖고 있으며, 한국이나 미국이 개입하면 자신도 개입할 수밖에 없다는 견해를 보이고 있다.

한반도 통일 문제에서 주변국들의 대응 개입은 불가피한 문제이다. 미, 중, 일, 러 모두 한반도 문제를 통해 자국의 이득을 챙기려는 행태를 보일 것이다. 그러나 북한이 원한다면 중국이 배타적으로 북한에 개입할 가능성이 있다. 예를 들어 북한 현 정권에 반대하며 개혁·개방을 요구하는 세력이 부상한다고 해도 북한 정권의 요청이라는 명분에 따라 중국이 개입하면 냉전 시대의 체코, 헝가리와 같은 사태가 재연될 가능성을 배제할 수 없다.

중국은 한국 주도 통일보다는 현 북한체제의 보호가 국익에 부합한다고 믿고 있으며 급변 시보다 적극적으로 개입할 준비가 되어 있다. 중국은 한국 주도 통일 또는 북한 붕괴보다는 차라리 북한의 핵무기 보유를 묵인하려 할 것이다.

나진 개발에 중국 인력이 대거 투입된 것만 보아도 중국이 북한을 활용하고 싶어한다는 것을 알 수 있다. 후에 북한이 도움을 요청한다든지, 요청할 수밖에 없다든지, 여하한 경우에도 중국은 개입하려 할 것이다. 중국은 다른 국가의 개입을 경계하며 경고를 보내는데,

경고를 보낸다는 것은 개입의 여지가 확실하다는 것이다.

양자 간의 정치·외교·군사적 경쟁과 대립 관계 심화의 악순환이 나타났던 냉전기 미·소 간 대립 관계와 유사한 논리가 작용한다고 볼 수 있다. 미중관계가 이러한 악순환의 고리에 빠진다면 한반도 정세에 매우 부정적인 영향을 미칠 것이다. 오늘날 미중관계와 과거 미소관계의 가장 큰 차이점은 미국과 중국 간의, 그리고 중국과 여타 아시아 국가들 사이의 경제 관계이다. 중국은 정치적 안정을 위해 지속적인 경제 성장이 필요하며, 미국, 일본, 그리고 아시아 제국(諸國)과의 경제 관계는 매우 중요한 전략적 지렛대가 될 수도 있다.

그러나 정치적·전략적 고려에서 경제 요인의 중요성에는 한계가 있음을 유의할 필요가 있다. 중국은 남한이 주도하는 한반도 통일을 미국의 세력 팽창으로 인식할 것이다. 한국이 미국과 밀착하는 한 중국은 한반도 통일에 부정적 입장을 견지할 것이며, 통일 이후 한반도에 미군이 주둔할 가능성에 중국은 민감하게 반응할 것이다. 반면 우호적인 중미 관계는 한반도의 통일 환경에 결정적인 기여를 할 것이다.

남북관계의 경색과 6자회담의 지연 때문에 북한의 고립이 점차 커지고 있는 상황에서 북한은 성공적 권력승계와 경제회복 추진을 위해 더욱더 중국에 의존하는 경향을 보이고 있다. 중국 역시 전략적 고려에 따라 그런 북한을 적극 지원하고 있고, 점점 더 정치·경제·외교적으로 북한이 중국에 의존하게 하고 있다. 이런 상황이 계속된다면, 북한이 원하건 원하지 않건 북한의 대중국 종속화는 지속적으로 커져만 갈 것으로 보인다. 북한의 대중국 종속도가 점차 심화할 경우 단순히 물질적 차원의 종속을 넘어 제도나 의식 차원에서도 중국화되는 구조적 종속 상태가 될 수도 있다. 그러면 통일은 정말

요원해질 수 있다.

7. 한반도 통일에 있어서 국제기구의 지지와 협조가 중요하다.

UN은 한국전쟁의 당사자이므로 북한 급변사태 시에도 개입할 수 있는 근거가 있다고 생각된다. 그러나 UN이 군사적 활동을 하게 된다면 안보리 소관 상황이기 때문에 상임이사국인 미국, 영국, 프랑스, 중국, 러시아 등 주변국의 생각이 매우 중요하다. 중국이 UN의 개입에 대해 부정적일 수는 있지만, 미국 등의 강력한 개입이 예상되면 중국이나 러시아도 UN의 개입에 긍정적인 태도를 보일 수 있을 것이다. 안보리 상임이사국은 자국의 이해관계에 따라 거부권을 행사하기 때문에 이들 국가를 설득하는 일은 쉬운 일이 아니다.

결국 UN과 같은 국제기구가 한반도 통일에 역할을 하기 위해서는 국제기구에 속한 구성원 다수가 한반도 통일의 필요성과 당위성, 그리고 북한 급변사태가 강대국 간 경쟁의 빌미를 제공해서는 안 된다는 인식을 공유하고 강대국들의 자제와 평화적 위기관리를 요구하는 분위기가 형성되어야 한다. 다시 말해, 통일외교는 국제기구의 구성원들에 대한 장기간 설득과 교육 등을 포함해야 한다.

국제기구는 한계를 지니고 있지만 여러 국가의 이해관계가 상충할 수 있는 상황일 경우 UN과 같은 국제기구 또는 변형된 형태의 6자회담 등이 한반도 안정에 이바지할 수 있다는 주장이 개진되었다. 특히 남북 간 합의가 아닌 갑작스러운 북한정권의 붕괴 후 생기는 사회 혼란의 경우, 탈북 난민 문제나 치안 문제 등을 해결하기 위한 국제평화유지군의 역할을 기대할 수 있고, 이러한 상황이 발생하면 일부 특정 국가의 영향력 확대를 사전에 예방할 수 있다는 장점이 있다.

남북 간에 합의한 상황이 아니면 통일이 달성될 때까지 오랜 시간이 걸릴 가능성을 배제할 수 없고, 그 과정 중에 새로운 동북아 국제질서 형성 과정에 관련된 각 이해당사국이 서로 마찰을 빚는 상황도 예상할 수 있다. 현존하는 6자회담이 북한 핵무기 문제를 해결하지 못해도 그 틀을 유지하며 향후 동북아의 평화 유지에 어떠한 역할을 할 수 있는지도 검토할 필요가 있다.

현재 상황으로는 남북한의 양자 협상을 통해 통일이 이루어지지 않는 한 결국 통일은 다자의 개입에 따라 이루어질 수밖에 없을 것이다. 그 이유로 첫째는 주변국들의 지정학적, 전략적 이해관계 때문에 한반도 통일 과정에 어떤 방식으로든 강한 영향력을 행사하려 할 것이기 때문이다. 둘째는 실제 통일이 이루어졌을 때 경제적으로 남한 단독으로 북한의 경제개발을 이루어낼 수는 없으므로 외부 지원이 필수적이기 때문이다. 셋째는 만약 북한 내부의 무력 투쟁을 통해 북한체제가 붕괴하고 그에 따른 통일 과정이 시작되면 군사적 측면에서 주변국, 특히 미국과 중국은 당연히 개입할 가능성이 크기 때문이다. 그렇게 된다면 결과적으로 통일 과정은 한-미-중, 또는 미-중-일-러, 또는 UN 등의 외부 세력이 관여하는 다자적 프로세스가 될 확률이 높다고 봐야 할 것이다.

한국의 역할이 커진다 하더라도 국제적 지원을 받을 수밖에 없을 것이다. 남한 혼자만의 역량으로는 통일이 현실적으로 불가능하다. UN 같은 국제기구나 다자협의체 등의 시스템을 잘 활용하는 가운데 남한이 주도적인 역할을 하는 것이 중요하다. 특히 UN을 잘 이용하면 주변국뿐만이 아닌 유럽의 강대국들도 자연스레 한반도 문제에 개입하게 될 것이다. 우리는 이를 미국, 일본, 중국, 러시아 등 주변 4국을 견제하는 수단으로 잘 활용할 수 있을 것이다.

기타 소수의견

국제기구의 역할이 강화되는 것이 우리에게 과연 좋은 일인가를 생각해 볼 필요가 있다. 국제기구의 역할 증대로 정작 당사자인 한국의 역할이 줄어드는 것은 아닐까? 이를 막기 위해서는 국제기구의 역할과 한국의 역할이 함께 증대되는 길을 모색해야 할 것이다. 독일 통일의 경우를 살펴봤을 때, 국제기구에 포커스를 맞추는 것보다는 국제 레짐(regime)에 집중하는 것이 한반도 통일의 모습을 그리는 데 더 올바른 방향이 될 것이다.

우리의 통일 정책 방향

8. '한국 주도의 통일'을 위한 적극적인 통일외교가 필요하다.

통일 정책이나 대북 정책을 포괄하는 적극적인 통일외교가 필요하며 통일외교의 개념부터 정립해야 한다. "북한이 붕괴하면 당연히 남측이 북측을 접수해서 관리해야 하지 않겠는가?"하는 것은 우리의 희망 사항일 수 있다. 국제법적으로 볼 때 1991년 남북한 UN 동시 가입으로 남북은 실질적으로 두 국가로 인정되기 때문에 북한의 급격한 체제 변화 시 법기술적 측면에서 UN의 역할이 일차적으로 고려될 가능성이 크고, 그 다음으로는 (북한의 요청으로) 중국이 개입할 가능성이 크다.

북한 급변사태 시 국제역학 및 국제정치의 틀 속에서 국제사회의 개입 여부가 결정될 것이다. 즉 한국정부에 실질적 권한이 어느 정도로 위임 또는 이양될 것인지의 문제(달리 말하면 한국정부의 북한지역 통치에 대한 실질적 참여도)는 한국정부의 통치 및 행정 능력 전반에 대한 국제사회의 평가와 밀접한 연관이 있다.

한반도 통일을 위한 국제환경 조성의 핵심은 우호적인 미중관계이며, 이는 한국 외교의 중요한 전략적 목표가 되어야 한다. 한미동맹은 한국의 안전보장을 위해 필수불가결한 장치이며, 장기적으로 일본이나 중국을 견제하기 위해 주한미군은 일정한 효용이 있다. 한국의 안보와 한미관계의 손상을 가져오지 않으면서 미중관계 순화와 우호에 기여할 수 있는 방법을 모색하는 것이 통일외교 정책결정자와 전략가의 최대의 과제이다.

중국의 국력이 강해졌다고 해서 당장 미·중 중심의 G2 시대가 열리지는 않을 것이다. 하지만 천안함 사건 처리 과정과 그 이후 상황에서 보듯이 중국의 목소리가 커질 것만은 분명하다. 그리고 중국의 부상을 불안해하는 일본이나 러시아 혹은 다른 국가들이 나서서 대중 견제 정책을 폄으로써 동아시아 내에서 미국과 중국 간의 갈등 구도가 심화할 경우 우리 입장은 매우 난처해질 수 있으며, 통일은 더욱더 어려워질 수 있다. 따라서 미중관계가 나빠질 것에 대비한 우리의 통일 정책과 통일·외교 방안을 사전에 연구하고 마련해야 할 필요성이 있다.

물론 한미동맹을 고려할 때 미국과의 돈독한 관계 유지가 중요하지만, 그렇다고 중국과의 관계를 등한시하거나 적대적으로 가져갈 수는 없다. 경제적 이해관계는 물론이고 통일에도 결코 도움이 되지 않을 것이기 때문이다. 또 국내적으로도 친미와 친중 지지세력 간의 갈등이 고조될 수도 있다. 따라서 그런 지역 구도 속에서 추진해야 할 효과적인 외교 전략을 개발하고, 대국민 홍보 전략도 수립해둘 필요가 있다.

지식인들의 역할이 중요하다. 통일에 관한 논의 자체가 금기시되다 보니 통일에 대한 국민의 관심이 무뎌지는 결과를 낳았다. 남북한 문제를 개별국가 간 주권 충돌 문제로 보지 말고 한민족이라는 개념 안에서 국민을 설득시켜 나가야 할 것이다. 이를 위해서는 국제포럼이나 국내적인 이슈 메이킹을 통하여 통일에 대한 관심을 지속적으로 불러일으키는 것이 중요하다.

공식적으로 주변국들은 남북한이 합의하는 평화적 방법에 따른 통일을 지지하지만, 주변국들 간에 미묘한 견해 차이가 있어서 국가별로 세심한 차별화가 필요하다. 선택과 집중이 필요한 것이다. 통일외교를 세계 모든 나라를 대상으로 똑같은 비중으로 할 수는 없다. 단순한 백화점식 열거(列擧) 전략 말고 체계적인 그림을 그려야 한다. 아마도 중국을 가장 크게 고려해야 할 것이다. 미국과 중국이 핵심 변수가 될 가능성이 커졌는데, 정작 한중 전략적 협력동반자 관계의 허약함이 노정된 상태이다. 중요한 것은 대중국 정책의 일관성이며 '신(信)'이 우선시돼야 할 것이다. 러시아는 한반도 통일에서 잃을 것보다는 얻을 것이 더 많은 국가이고, 일본은 북한과의 현안 문제만 해결되면 통일에 크게 반대하지 않으리라고 판단된다.

미국은 한국 주도의 통일, 자유민주주의와 시장경제 질서에 입각한 통일을 지지하므로 동맹만 잘 유지하면 큰 문제는 없을 것으로 판단되지만, 문제는 단기적으로 미국의 대북정책이 대부분 비확산 및 급변사태 대비, 그리고 대량살상무기(WMD) 관리에 중점을 두기 때문에 장기적 통일 방안에 대한 사전 조율을 확실히 해야 할 것이다. 예를 들면, 미국외교협회(CFR) 한반도 정책 TF 보고서는 한반도 정책의 6가지 우선순위를 수평적 확산 방지, 수직적 확산 방지, 비핵화, 비상사태 계획, 포용 촉진, 북한주민의 처지 개선 등으로 설명한다. 단기적인 비확산 중심 정책에서 장기적 통일 정책으로 미국 정부의 정책 관심 전환을 유도하는 방안을 모색해야 한다.

한반도 통일 과정이 다자적 프로세스일 가능성이 크다고 전제할 때, 그 과정에서 주도권 확보와 리더십 발휘를 위해서 지금부터 대미·대중 외교를 강화해나가야 한다. 우선 통일에 대한 미국의 확고한 지지와 지원을 확보하고 통일 방식의 유형과 유형별 한미 협력 방안에 대해 긴밀히 협의하고 대비해야 할 것이다. 또 중국, 러시아, 그리고 일본 등 주변국들과 국제기구의 개입에 대한 대응 방안에 대해서도 함께 논의할 필요가 있다.

북한의 변화에 탄력적인 대처를 하기 위해서 한·미·일 공조 체제를 강화해야 한다. 천안함 사태와 북한정권의 권력 세습 과정에서 보여준 한국, 미국, 일본의 변함없는 공조는 북한에 결코 무시할 수 없는 압력으로 작용하고 있다. 북한의 위협을 견제하기 위한 공조 체제 유지도 중요하지만, 앞으로 일어날 다양한 사태에 능동적으로 대처하기 위해서 한·미·일 공조 체제는 더욱 강화되어야 한다.

통일외교는 한반도 통일이 한반도의 평화와 안정, 그리고 그로 인한 지역의 안정을 가져온다는 것을 이해시키는 데서 시작해야 한다. 다시 말해 한반도의 통일이 동북아의 세력균형을 깨뜨린다거나 한민족의 민족주의를 강화하는 결과를 가져오는 것이 아니라는 것을 이해시키는 일이다. 두 번째로 중요한 것은 중국을 비롯한 일본, 러시아 등 주변국들이 한반도 통일로 인해 이득을 얻을 수 있다는 것을 설득시킬 논리를 개발하고 그러한 논의를 각 수준에서 적극적으로 시작해야 한다. 한반도 통일이 각국에 미칠 영향을 논의하는 국제적 회의를 개최하고 주변국이 통일의 이득을 취할 수 있는 준비 작업을 할 수 있는 정책들을 개발해야 할 것이다. 예를 들어 한·일 통일포럼, 한·중 통일포럼, 한·러 통일포럼 등 국가별 포럼을 통해 통일의 이해당사자들이 어떠한 생각을 가졌는지를 파악하고 통일을 통해 얻을 수 있는 이익에 대한 논의를 진행함으로써 통일에 대한 공통의 이해와 인식을 배양하는 작업을 시작해야 할 것이다.

대한민국 주도의 자유민주주의 통일에 대해 주변국들의 지지를 얻기 위해서는 통일(흡수통일 포함)에 대한 주변국의 (공식) 입장 및 세계 여론에 대해 사전 포석이 필요하다. 한반도 5천 년 역사 및 그 분단과 대결의 역사를 지구적 차원에서 홍보하고, 현재 한반도의 상황과 그 대안적 상황에 대한 설득력 있는 시나리오를 보여주어 유사시 남한 주도의 통일만이 역사적으로, 법적으로, 그리고 현실적으로 유일한 대안임을 홍보할 필요가 있다.

한국 주도의 통일이 결코 이들 국가에 위해가 되지 않을 것임을 확신시키는 것이 중요하며, 통일 이후 한반도의 정체성에 대한 논의도 국제적으로 시작할 필요가 있다. 만일 통일이 된다면 한반도는 화해와 평화의 상징이 될 수 있다. 이러한 이미지를 강화하기 위해 각종 평화 관련 국제기구 유치, 평화지대의 선포 등을 통해 통일된 한반도가 국제적 세력 경쟁의 무대가 아닌 평화의 상징 지역이 된다는 비전을 주변국들에 심어주는 작업이 필요하다.

중국에 대해서는 통일 한국이 결코 중국 동북지방에 대한 영유권을 주장하지 않을 것과 중국 조선족의 독립을 부추기지 않을 것이고, 주한미군은 통일 후 한반도에 주둔하지 않거나 최소한 중국의 국익에 위협을 주는 행위를 하지 않을 것이며, 통일 한국이 중국에 엄청난 경제적 이익을 가져다줄 것이라는 것 등을 집중적으로 설득해야 한다.

일본에 대해서도 통일 한국이 일본의 국익과 주권에 어떠한 위협도 되지 않을 것임을 이해시키고, 러시아와는 주로 통일 한국이 가져다줄 극동 지역의 경제적 혜택을 강조해야 할 것이다. 필요하다면 이러한 확약을 문서로 담보하는 국제적 협약 같은 것을 체결할 용의도 있다는 것을 설명해야 하며, 북한의 급변사태 발생 시 예상되는 중국의 단독 개입을 저지하기 위해서는 즉각적인 UN 차원의 국제적 협력체제 구축과 가동이 필요하다는 란코프 교수의 지적에 전적으로 동감한다.

그러나 이러한 UN 차원의 대응도 UN 안보리 상임이사국인 중국의 동의가 필요하므로 지금부터 중국의 이해와 공감을 얻기 위한 대중 외교 노력이 필요하다. 이를 위해 북한 급변사태에 대비하기 위한 한국, 중국, 그리고 미국 3국 간 비공식 협의체를 구성하여 논의를 심화시켜 나가야 할 것이다.

북한이 붕괴하면 누가 보더라도 의당 한국이 북한지역을 관리하고 감당하기에 합당한 주체라는 인식이 국제사회에 각인될 수 있도록 외교적 노력을 기울여야 할 것이다. 그것이 바로 통일외교가 담당해야 할 부분이다. 국제사회에 대한 공공외교(public diplomacy)의 핵심 대상은 결국 각국의 통일 우호적 여론 주도층으로, 그들을 대상으로 한 맞춤형 홍보 전략이 필요하다. 학계나 전문연구자들에게는 인터넷, 블로그, 또는 스마트폰 등을 활용해서라도 통일 관련 연구물이나 출판물, 그리고 한국정부의 통일 정책을 문서 형태로 전달해야한다. 미국 공보원이 IRC Seoul의 E-info USA를 통해 미국 정부고위 인사들의 성명(statement)을 전달하고 한국 관련 주요 연구물을 PDF 파일 형태로 배포하는 것을 벤치마킹하는 것이 좋을 것이다.

한국 분단의 특수 상황과 한국 민족의 문화 및 역사적 배경을 고려할 때, 한반도의 통일은 당연하고 한국의 적극적인 준비에 반대할 국가는 없다고 본다. 남북 합의에 의한 통일이든 갑작스러운 북한의 정권 붕괴에 따른 통일이든, 한국이 처한 여러 상황을 종합해도 적극적인 준비가 되어 있는 한국이라면 더욱 반대의 명분을 찾기 어려울 것이다. 통일 과정에서 주도적 역할을 해야 할 국가는 당연히 한국이며, 이 경우 재정적 부담에도 당연히 앞장설 수밖에 없는 처지다. 결국 통일이란 우리의 문제이며, 평화적이고 안정된 통일은 동북아 안정과 핵무기 문제 해결에 크게 이바지할 수 있으므로 적극적인 외교정책과 국내정책으로 준비하는 것이 매우 바람직하다.

9. 대중국 통일외교를 강화해야 한다.

중국이 한반도의 통일을 원하지 않는 이상 중국은 북한 정권을 유지하기 위해 모든 지원을 아끼지 않을 것이지만, 중국은 북한을 근본적 의미에서 지지하지는 않으며 북한에 대한 인내심도 한계가 있다. 그러나 북한이 남한에 흡수되는 형태의 통일이 가져다주는 비용과 북한을 유지하는 비용을 비교해 볼 때 아직도 중국은 유지 비용을 부담하는 것이 더 낫다고 생각하고 있는 것으로 보인다. 최근 천안함 사태 이후 미국의 아시아 개입이 강화하고 있으며 이러한 국제정치 및 동북아 국제정치의 변화는 중국의 위와 같은 정책을 더욱 강화할 것으로 보인다.

미국이 중국에 대한 균형 정책을 계속하는 한 현재 가능성이 가장 큰 남한에 의한 흡수통일은 중국에 직접적인 위협으로 작용할 수 있을 것이다. 그렇게 본다면 통일의 국제정치적 환경은 더욱 악화되고 있다고 볼 수 있다. 중국이 한반도 통일에 긍정적 역할을 하기 위해서는 중국이 미국과 미국을 축으로 한 동맹이 주는 위협에서 자유로워져야 할 것이다. 이러한 상황은 미국의 정책 변화에 따라 이루어질 수 있지만, 한국으로서는 미국의 대중 정책 혹은 미국의 대전략(grand strategy)이 변하기를 기다리기만 한다는 것은 통일 전략으로서는 너무 소극적이다. 한국이 할 수 있는 일은 중국에 대한 정책을 전환하여 한국 자체가 대중 봉쇄의 한 축이라는 중국의 인식을 바꿔야 할 것이다. 이렇게 본다면 대중 정책의 한 축은 통일 정책의 차원에서 만들고 수행해야 할 것이다.

중국의 대북 정책 변화를 유도하기 위한 정책 연구가 필요하다. 천안함 사태 이후 표면화한 북한의 호전적 불법 행위에 대한 각국의 반응은 매우 일관성 있고 일률적이었다. 단지 중국만 북한을 공식적으로 비판하지 않고 한국정부의 사고 결과 발표를 기다리며 나름대로 사고 원인을 분석한다며 우회적으로 북한을 두둔하였다. 북한노동당 당대표자회 이후 발표된 권력 세습에 대해서도 많은 국가가 비판적 보도와 성명을 발표했지만, 중국만 환영의 메시지를 전달하고 김정일 부자를 베이징으로 초청한다고 했다. 이런 정책을 통해 중국은 북한에서 그들의 영향력을 확보했고 앞으로 동북아 국제질서 재구성 과정에서 미국과 한국, 중국과 북한이라는 하나의 대칭적 양극 체제를 유지할 기틀을 마련하였다.

21세기 최고의 변화 중 하나가 국제사회에서의 중국의 등장이라고 인정하면서도 중국 정책에 대한 연구는 부족한 것이 현실이다. 국가 차원에서 중국 연구에 대한 과감한 투자가 요청된다. 중국의 지도자와 정책 입안자들과의 유기적인 관계 증진으로 상호이해의 폭을 시급히 확대할 필요가 있다. 중국의 전략적 가치를 인식하고 적절히 대응해 나갈 필요가 있다.

북한에 가장 중요한 외교적 자산은 긴밀한 북중 관계이며, 이것은 후계 체제에서도 마찬가지이다. 중국의 북한 세습 후계 체제의 승인은 중국 지도부가 김정일의 간곡한 요청에 화답하는 모양새이지만, 순망치한의 북중 관계를 후계 체제에서도 지속하겠다는 중국의 전략적 판단에 따른 결정이다.

북한의 대중 의존도는 경제적·정치적 측면에서 점점 증가하고 있다.

북한에게 중국은 국제사회의 압박으로부터 몸을 숨길 수 있는 유일한 피난처이기도 하지만, 선군 노선의 변경과 개혁·개방 압력으로 작용할 수도 있다고 본다. 실제로 지난 2010년 5월 원자바오 총리는 김정일 위원장에게 "중국의 개혁·개방 경험을 소개해 주고 싶다."라고 언급했으며, 8월의 북·중 정상회담에서는 김정일 위원장이 이례적으로 중국의 개혁·개방을 높이 평가한다고 언급했다.

북한 정세와 관련해 한중 양국은 경쟁과 갈등의 구도를 공동 대응의 구도로 전환하는 협력 관계를 구축해야 한다. 북한을 포함한 한반도의 미래 상태에 대해 한·중 간 전략적 합의가 형성되어야 북한의 급변사태가 발생하는 경우 한·중 공동 대응이 가능할 것이다. 북한의 바람직한 미래에 대한 전략적 합의를 바탕으로 한·중 양국은 북한의 내부 변화를 촉진해 나가는 공동 전략을 마련해야 한다.

중국에 대해서는 한국 주도 통일의 당위성과 필요성을 충분히 인식시키는 데 최대한의 노력을 쏟아야 할 것이다. 통일 한국이 중국에 결코 위협이 되지 않을 것이라는 점을 강조하고 중국과의 경제 협력을 강화하여 상호의존성을 높이며 민간 차원의 교류 활성화로 상호 이미지 쇄신을 도모해야 할 것이다. 비공개, 비공식 채널을 통해 한국, 미국, 그리고 중국이 함께 북한의 급변사태에 관해 논의하고 대비하는 기회를 자주 갖는 것도 중요할 것이다.

10. 국내적으로 북한의 급격한 체제 변화에 대비한 공론화 과정이 필요하다.

북한 내부 및 남북관계의 변화에 따른 상황 전개를 염두에 둔다면 적, 복합적 전략 수립이 필요하다. 북한의 (예상보다 빠른) 급작스러운 붕괴, 예상을 뛰어넘는 북한의 개혁·개방 정책, 독자적 흐름에 따른 남북관계의 전개 등 북한 및 한반도의 상황 전개는 매우 가변적이다. 그러나 그 어떤 것도 우리나라와 민족의 이익에 치명적인 영향을 미칠 것이기 때문에, 정부는 어느 특정 상황을 염두에 둔 대책 수립보다는 1) (아마도 북한의 의도적, 비의도적 조치에 따른) 촉발적 상황, 2) 북한 내부의 상황 전개, 3) 각국의 대응, 4) 각국 및 한국의 대응에 따른 북한 내부 상황의 굴절, 5) 최종 목표지에 비춘 각 상황의 좌표 설정과 각 좌표에서의 대응책 등을 포괄하는 다면적이고 복합적인 전략을 수립할 필요가 있다.

기존 통일 담론은 남북 간 화해와 협력을 통해 점진적이고 단계적으로 추진되는 합의에 따른 통일론에 바탕을 두고 있으나, 사실상 통일 문제는 가급적 먼 미래의 일로 미루어 놓고 경제·사회 분야에서 교류와 협력의 양적 확대를 남북관계 발전의 지표로 간주하였다.

교류·협력의 확대와 북한의 변화를 단선적인 관계로 낙관하였으나, 북한의 변화 거부와 핵무기 고집으로 돌파구를 찾지 못하고 있다. 통일 환경의 변화에도 불구하고 다양한 통일의 가능성을 검토하고 대응하는 정책적 유연성보다는 여전히 남북 간 교류와 협력의 양적 팽창에 매달렸다.

북한의 붕괴는 가능하지도 바람직하지도 않다는 입장 하에 북한에 대한 흡수통일 노력 중단을 천명하고 논의를 금지했다. 통일세 논의가 난항을 겪고 있지만, 북한의 급격한 체제 변화에 대비하기 위한 공론화의 필요성은 크다. 북한의 급변사태 논의에 대한 성역화는 통일 논의의 다양성을 막고 통일 준비를 저해하는 중요한 요인이다.

북한의 급격한 체제 변화에 대한 대비는 난민, 무기 유출, 도발 등의 상황에서 우리의 국익을 보호하기 위한 자위권 차원에서 고려되어야 한다. 미국은 물론이고 중국이나 러시아도 북한의 급변사태에 대한 대비책을 강구하고 있다. 그런 점에서 북한 급변사태 논의가 금기시 된 것은 문제가 있다. 중요한 것은 공론화를 통해 통일에 대해 국민과 공감대를 형성하는 것이다.

포럼 위원들 (가나다 순)

김병로 서울대학교 통일평화연구소 연구교수
김영호 국방대학교 국제관계학부 교수, 학부장
김진하 통일연구원 연구위원
김창수 한국국방연구원 책임연구위원
김태현 중앙대학교 교수, 국가대전략연구소 소장
김형국 숙명여자대학교 정치외교학과 교수, 사회과학대 학장
김호섭 중앙대학교 국제관계학과 교수, 한국정치학회 차기회장
유현석 경희대학교 정치외교학과 교수
유호열 고려대학교 북한학과 교수, 코리아정책연구원 원장
이상현 세종연구소 안보연구실장 겸 수석연구위원
이유진 숙명여자대학교 정치외교학과 교수
전병곤 통일연구원 연구위원
최진욱 통일연구원 북한연구센터 소장 및 선임연구위원
최철주 칼럼니스트, 중앙일보 편집국장 역임
한용섭 국방대학교 부총장, 안보문제연구소장
현성일 국가안보전략연구소 책임연구위원
홍용표 한양대학교 정치외교학과 교수
홍우택 통일연구원 연구위원